农产品供应链协同机制研究

徐良培 著

中国纺织出版社有限公司

内 容 提 要

本研究以我国农业产业化中最常见、最具代表性的“农户＋公司”型供应链为主要对象，综合运用供应链管理、信息协同、灰博弈等理论，结合定量和定性分析，从收益风险分配、信息共享以及信任的视角探讨了我国农产品供应链的协同机制，重点介绍了农产品供应链协同的现实需求分析、收益风险分配机制研究、信任机制研究、信息共享机制研究以及关系传递与融合分析等内容。本书理论联系实际，数据分析透彻，案例翔实，可作为农业经济管理专业师生的参考用书。

图书在版编目（CIP）数据

农产品供应链协同机制研究 / 徐良培著. -- 北京：中国纺织出版社有限公司，2022. 7

ISBN 978-7-5180-9621-3

Ⅰ. ①农…　Ⅱ. ①徐…　Ⅲ. ①农产品—供应链管理—研究—中国　Ⅳ. ① F724. 72

中国版本图书馆 CIP 数据核字（2022）第 103702 号

策划编辑：史　岩　　责任编辑：段子君
责任校对：寇晨晨　　责任印制：储志伟

中国纺织出版社有限公司出版发行
地址：北京市朝阳区百子湾东里A407号楼　邮政编码：100124
销售电话：010—67004422　传真：010—87155801
http: //www.c-textilep.com
中国纺织出版社天猫旗舰店
官方微博 http: //weibo.com/2119887771
三河市宏盛印务有限公司印刷　各地新华书店经销
2022年 7 月第1版第1次印刷
开本：710×1000　1/16　印张：12
字数：230千字　定价：88.00元

凡购本书，如有缺页、倒页、脱页，由本社图书营销中心调换

前言
Preface

我国是农产品生产、流通和消费大国。据统计数据显示，我国2011年农产品社会物流总额为2.63万亿元，2012年同比增长4.5%，达到2.75万亿元，2000～2012年平均增长高达8.4%，农产品的稳定流转和价值实现在整个国民经济体系中占有越来越重要的地位。

随着经济全球化和世界一体化的加速，企业面对的外部环境愈加复杂，产品或企业之间的竞争已逐步转化为其各自所属供应链之间的竞争。供应链管理也从局部优化的分布式管理模式、整体优化的集中式管理模式逐步发展到整体和局部协调优化的协同管理模式，其关注的首要目标不再是降低成本，而是提高供应链的快速响应能力、顾客满意度以及整体竞争能力。实现这一战略目标的关键是供应链协同，即供应链合作伙伴采取某种合作机制，在业务流程、组织及信息等方面有机整合、协同发展，从而提高供应链的总体竞争能力，实现供应链的共同目标。良好的供应链协同效果建立在高效的协同机制上，只有建立合理高效的协同机制，供应链协同的稳定态才能得以长期保持。

基于此，本研究以我国农业产业化中最常见、最具代表性的“农户＋公司”型供应链为主要对象，综合运用供应链管理、信息协同、灰博弈等理论，结合定量和定性分析方法，从收益风险分配、信息共享以及信任的视角探讨了我国农产品供应链的协同机制。研究的主要内容和结论如下：

第一，梳理并厘清农业产业化、“农户＋公司”型一体化、农产品供应链、农产品供应链协同、农产品供应链协同机制的概念关系及演进过程，重点探讨农产品供应链的运作模式和合作过程，比较农产品供应链和传统工业品供应链协同过程的异同。

第二，基于信息熵理论比较分析现阶段我国农产品供应链的几种基本运行模式，并运用实证方法分析现阶段我国农产品的物流效率状况，借此强调我国农产品供应链协同存在一定的现实需求。实证表明，供应链管理中信息流动的不确定性的大小体现供应链的运作效率，而供应链运作模式又会影响供应链中信息的运行。从我国农产品供应链信息熵的比较分析来看，以大型零售企业和物流中心为核心组织的农产品供应链运作模式是我国目前农产品供应链的相对合理选择。最后，通过信息理论对农产品供应链的协同价值进行建模分析可知，在现货交易和契约交易两种模式中，契约交易模式下的农产品供应链能获得更大的协同价值。因此，优选合适的农产品供应链，整合和协同其运作流程尤其是上游流程，对联结农民和市场、提高农民收入、稳定农产品市场供求具有一定的现实意义。

第三，以我国农业经济中较为典型的农产品供应链协同模式为研究对象，以灰博弈理论为理论基础，以链中农产品加工企业为关注核心，分别对专用性差异及“期权 + 保险”条件下农产品供应链的协同机制进行深入分析，探讨了农产品供应链协同中收益和风险合理分配的一般机理。结果表明，供应链协同机制通常通过组织之间的契约合同或专有性投资等来实现。当农产品存在专用性差异且面对动态价格环境时，要实现农产品供应链协同，必须在判断产品专用性强度的基础上，对农产品未来的市场价格进行预测，对激励惩罚机制作出理性安排。期权的价格发现和套期保值、农业保险的经济补偿与风险保障有利于农民和公司与期权市场的对接，有利于促进农产品供应链收益分配协同运作机制的形成与实施，对于稳定农产品生产、平衡农产品供求、促进农业产业化及农业产业结构升级有着重要的现实意义。

第四，供应链协同信任属于组织信任的范畴，是供应链节点成员面向未来不确定性时彼此间的一种承诺和相互信赖。信任是农产品供应链协同合作的基石。本书以“农户 + 公司”型二级供应链为研究对象，从机会主义防范、相互依赖及利益公平三个角度，引入政府补贴、利润返补、专用性损失、保险费和期权费五个变量，并以动态价格下的信任进化灰博弈模型为基础，探讨农产品供应链协同过程中信任的显示机制，以明晰基于信任的农产品供应链协同稳定运作的作用机理。结果表明，信任机制的完善程度是影响供应链协同运行的核心要素。农产品供应链中的节点主体能否保持良好的合作关系，供应链信任机制的健全与展现十分关键。在动态条件下，当政府补贴、利润返补、专用性损失、保险和期权以适当的形式组合实施或综合利用时，“信任”可以成为农产品供应链协同中的一种进化稳定策略，信任机制的效能能够得到完全发挥，供应链可以通过学习机制实现最大的协同收益。

第五，信息共享是提高供应链的协同水平、整体绩效和可持续发展能力的基础，但供应链中的诸多不确定性导致的信息共享风险和阻力抑制了供应链中上下游企业共享信息的积极性。因此，必要的技术手段和信息共享激励机制的合理设计是农产品供应链协同过程中实现信息共享的核心关键。本书在对农产品供应链中的主体行为进行基本分析的基础上，探讨了提高农产品供应链中主体信息共享努力水平的激励机制，并据此进行了相应的理论和数据分析。结果表明，无论信息是否非对称，信息共享的努力水平与激励系数、滞后收益系数、努力成本系数、风险规避系数以及外界噪音呈现一定的数据比例关系。综合考虑和妥善配置各种系数，尽管手段较为复杂、操作较为困难，但对于规范农产品供应链信息共享的外在环境，提高农产品供应链的整体得益，以及稳定农产品供应链中信息共享合作伙伴关系，均可以模型均衡解的形式得以实现。

第六，农产品供应链协同主要表现为链上各节点企业之间通过利益共享、风险共担、信息共享及信任协调等运作机制来实现供应链整体收益和运作效率同步优化的过程。在此过程中，链上收益风险的合理分配是协同实现的动因，信任关系的建立是农产品供应链协同的基础，信息共享是农产品供应链协同的主要技术关键。上述三种协同机制又因管理的目标、方法和内容的不同分别嵌存于供应链战术层、策略层和战略层三个不同的层次中。其中，收益风险合理分配机制、信任机制属于供应链战略协同的层次，收益风险的合理分配是信任存续的基础，信任也会反过来加强和巩固收益风险分配的合理性；信息共享机制则属于供应链的技术协同层次，是与策略层、战略层相互联系的技术联结。信任会减少信息共享的成本、提高信息共享的水平，而信息共享也会体现和巩固相互之间的信任程度；收益和风险的合理分配会提高信息共享的意愿和能力，而信息共享会减少或抑制信息不对称进而促进收益和风险的合理分配。

徐良培

2022 年 5 月

目录
Contents

第1章　导　论

第2章　概念界定与理论简介

第3章　农产品供应链协同的现实需求分析

第4章 农产品供应链协同的收益风险分配机制研究

第5章　农产品供应链协同的信任机制研究

第6章　农产品供应链协同的信息共享机制研究

第7章 农产品供应链协同机制的关系传递与融合分析

第8章　主要结论、建议及展望

第1章
导 论

1.1 研究的背景和意义

1.1.1 研究背景

我国是农业大国，1978 年，以家庭联产承包责任制为核心的农村土地制度改革启动了我国农村全面改革的序幕。四十多年来，农村制度的不断创新，农业技术的全面进步以及工业化与城市化的快速发展，从根本上改变了我国农村的社会经济面貌，农业经济的快速发展在中国社会的现代化进程中发挥着日益重要的作用。然而，当农村制度变革的效应彻底释放，农村经济和社会发展潜藏的许多关键问题和深层次矛盾逐渐浮现出来，最突出的表现为农民问题、农村问题和农业问题即“三农”问题。解决“三农”问题是当前我国发展农村经济的首要任务，其政策核心是依靠农业产业化的稳步推进，密切小农民与大市场的衔接关系，带动农民增收致富。农业产业化是农业现代化的一个必经过程，是市场经济条件下我国农业与农村继续深化改革与推进可持续发展的必然选择，也是从根本上解决“三农”问题的有效路径。

我国农业产业化最早开始于 20 世纪 90 年代初的山东省潍坊市。1993 年初，潍坊市委在对当地农业农村经济发展全面调研的基础上，第一次提出了“农业产业化”这个具有历史意义的学术概念，其具体内涵表述为“确立主导产业，实行区域布局，依靠龙头带动，发展规模经营”。在此期间，泰国正大集团和瑞士雀巢公司等国外企业通过以中方联营公司或供销社与当地农户签订合同的方式，将“公司＋农户”的生产经营模式和理念带入中国，实现了“农户＋公司”模式在中国的最初实践。这种产业化模式在一定程度上缓解了我国经济转型过程中，相对独立分散的小农户和不断扩大的市场之间的矛盾。

农业产业化经营的核心是在农户家庭经营的基础上，鼓励农户以个人或集体形式参与到与专业合作经济组织或农产品加工企业的契约合作中去，鼓励专业合作经济组织或农产品加工企业以专用性投资、定向服务、契约收购等方式，加强与农户的产业联系。在我国，“农户 ＋ 公司”产业合作模式是农业产业化经营的主要模式之一。除此以外，其他产业化经营模式还包括“农户＋农产品批发市场”“农户＋基地＋公司”“农户＋专业协会”等多种形式。多年来,“农户＋公司”产业合作模式对我国农村经济的发展起到不可忽视的推动作用，然而这种产业化实践也出现了一些问题，主要表现在以下三个方面。

（1）主体谈判力量的不对称导致契约公平的偏离。在农户与公司的契约谈判中，公司一方通常在经济、知识及信息各方面处于强势，具备更为有利的谈判地位，而处于弱势的分散农户由于知识水平、经济条件的局限，对契约谈判的影响力极为有限。契约公平的偏离会导致公司与农户间利益分配机制的扭曲，破坏农户和公司长期合作的稳定性。

（2）不确定性因素导致的农产品供需波动也会影响契约执行的稳定。农产品产中、产后的自然特性导致的不确定性会直接影响农户与公司的交易关系。例如农业生产中不可抗力的自然灾害、生产后的产品标准化、规格化、定量化困难等会导致农产品供给或需求的不断波动，伴随价格波动下的利差激励并加重了契约双方的利益冲突，进而影响契约执行的稳定性。

（3）监督成本过大会导致契约强制执行效力不足。在“农户＋公司”合作模式的众多失败案例中，契约执行困难是遇到的主要问题之一。契约执行困难的核心原因在于契约执行收益小于契约监督成本，当一方违约时，远大于执行收益的强制执行成本会导致契约双方都对对方的违约行为保持“沉默”。另外，农业生产的生物特性使该契约存在天然的“不完全性”（主要体现为免责条款），这种不完全性会进一步加剧法律监督的难度和契约执行的效力。

随着经济全球化和世界一体化的加速，企业面对的外部环境愈加复杂，企业之间的竞争压力越来越大，“农户＋公司”合作模式开始以供应链的组织形式整合链上资源，参与市场竞争，并以“农户＋公司”型农产品供应链的形式得以呈现。而其核心组成部分“农户＋公司”形式中存在的稳定性问题仍是该型农产品供应链必须面对的核心问题，因此以工业品供应链协同理论为基点，从农产品的特有属性出发，探讨农产品供应链特有的协同机制，从而实现农产品供应链高效稳定运行，具有重要的理论意义和现实意义。

1.1.2 研究意义

1.1.2.1 理论意义

对国内外有关供应链协同机制研究文献及成果的梳理，为我国农产品供应链协同机制的研究提供相对系统的技术指导和理论支撑。缺乏系统理论支撑是当前我国农产品供应链协同机制研究领域的主要问题之一。目前，国内对供应链协同机制的研究主要集中在供应链的局部优化和协调上，其研究重点往往侧重于某个具体优化措施和协调方法，对协同机制的分析涉猎不多且不够全面系统。比如，将信息共享与供应链协同完全等同，认为实现信息共享等同于实现了供应链协同。而供应链协同机制，除了包括信息共享机制还包括收益分配机制和信任机制等。另外，国内对协同机制的分析也不够深入，协同收益分配机制的研究是协同机制研究的核心内容，从不同的视角对收益分配机制进行研究的国内外文献很多，但大部分文献主要从静态博弈和流程优化的角度进行分析，忽略了供应链中极为关键的影响因素即价格的动态性，某种程度上造成研究结论脱离了客观现实。更为重要的是，农产品的生产、流通及分销的特点使农产品供应链的协同研究显然相比非农供应链更为复杂，将源于工业品供应链协同机制的相关理论简单地复制或粗暴地应用于农产品供应链领域，显然不合理也不合适。因此，对相关领域国内外代表性研究文献进行总结和归纳，根据农产品产中及产后的特有特点，构建适合农产品供应链的协同机制理论，是“农户＋公司”型农产品供应链研究领域的重要课题之一。

1.1.2.2 实践意义

以“农户＋公司”型农产品供应链为基点，通过对我国农产品供应链的基本运行模式及农产品供应链协同影响因素的分析，探讨我国农产品供应链协同的现实必要性，并以此为研究导向，宏观上系统地研究了农产品供应链协同中的收益分配机制、信任机制、信息共享机制，微观上以实际案例对各种协同机制予以佐证，可为当前我国农产品供应链的现状格局和迫切需要解决的问题提供思路，为各级职能部门制定农产品流通政策提供决策参考依据。

1.2 国内外相关研究文献综述

1.2.1 “农户＋公司”组织形式的相关研究文献综述

随着社会主义市场经济的不断发展和农村经济体制改革的日益深化，我国的农业生产力获得了前所未有的发展，绝大多数农产品出现了阶段性、结构性的相对过剩，而我国城乡二元经济结构体系导致的“小农户”与“大市场”的隔离，使我国同时出现了农产品“买难”“卖难”现象，“农户＋公司”模式也作为一种深化农村改革的新思路进入人们的视野。据农业农村部调查结果显示，高达 45% 的农业产业化经营模式采用“农户＋公司”形式。而 2013 年中央农村工作会议也继续将产业化龙头企业作为新型主体予以鼓励和扶持。作为我国农业产业化经营中采用率最高的经营模式，“农户＋公司”模式将相对独立、分散的小农户和大市场联系起来，在一定程度上使生产组织更为科学、市场供应更为有序，农民增收更加稳定。而随着农村改革的继续深化和“农户＋公司”模式的广泛推广，农户和公司的合作稳定性问题持续成为学者们探讨的热点。总结看来，相关研究主要从以下两个方面展开：

首先是“农户＋公司”模式的选择动因。对于我国农业产业化实践过程中广泛采用“农户＋公司”模式的动因，学者们的观点比较一致，认为“农户＋公司”模式使组织的边界得以扩张，形成了组织内交易对市场交易的替代，从而节约了交易费用（钱忠好，2000；傅晨，2000；邓宏图等，2002）。这种基于交易成本理论的解释点亮了“农户＋公司”模式广泛推广和蓬勃发展的明灯，在某种程度上解决了当前我国农村小农户和大市场的矛盾，是一次有利于提高农民收入、稳定农产品市场的具有重大意义的制度创新。

其次是“农户＋公司”模式在经历发展高潮之后难以为继的原因。是制度改革的滞后还是“农户＋公司”模式运行机制问题或是其他？对于这个问题，学者们的探讨视角则较为广泛，研究主要从契约理论、资产专用性理论、社会网络理论、博弈理论等角度展开。

契约理论者认为，实现“农户＋公司”这种组织创新形式的核心——契约具有天然不完全性，这种不完全性表现在契约合作对象的地理文化局限性、合作标的的生化特征、合作组织形式的缺陷、合作利益的分配困难等，当这种不完全性内嵌于“农户＋公司”模式的合作契约时，就易于导致公司或农户机会主义的产生，进而破坏双方合作的稳定性（孟枫平等，2004）。此外，契约的条款设计、契约的类型及契约治理方式等因素也会影响公司和农户合作关系的稳定性。“农户＋公司”组织模式的制度缺陷表现在契约条款设计的不完全和风险收益分担机制的缺乏，这种内在缺陷会激励机会主义行为、敲竹杠行为的产生，使契约主体的违约收益高于违约成本进而导致了大量违约现象的产生（薛昭胜，2001）。因此，契约条款的设计及治理会对履约行为产生重要的影响。齐备、准确的合同条款是提高履约率的基础，综合运用不同的正式治理和关系治理组合是获得共赢的交易绩效进而使得契约得以稳定顺利进行的共同保证（陈灿等，2007）。另外，在既定条件下，契约的类型也会影响契约执行的稳定性（周立群等，2002）。基于我国农业发展的现状及农业生产的特殊性，单纯的要素契约很难在“农户＋公司”的组织模式中稳定执行。在执行契约的过程中，如果能够进一步加强专用性资产的投资力度，能够充分发挥市场机制的关键性作用，商品契约完全有可能在长期内稳定（张占东，2010）。

专用性理论者认为，农产品具有的反映其生化特征的用途属性即产品专用性，是影响契约执行稳定性的主要因素之一，产品专用性的强弱能反映商品契约自身具有的有效抑制农户机会主义行为能力的强弱；另外，专用性投资也是影响契约稳定性的重要因素（俞雅乖，2008；范其学，2007），尤其体现在利他性专用性投资会影响契约稳定性的方向（赵西亮等，2005）。为了维护双方合作的稳定，公司可根据产品专用性的强弱不同和专用性投资的利他性对契约采取不同的治理机制（郑强国等，2005）。

社会网络理论者认为，根据经济社会学的嵌入性理论，任何经济行为都是嵌入在社会关系之中的。契约型农产品交易关系中的社会因素如社会文化、人际关系等将会对交易过程、交易方式及整个渠道的绩效产生重大影响。例如，社会文化因素会通过乡土社会“差序格局”体现在企业与农户合作关系的各个方面；公司与合作农户之间呈现出正式的合约治理和非正式的关系治理并存的局面；公司嵌入在联盟组织内的乡村社会权威性有利于与农户顺利缔约，并有效地对合约进行差序治理；农户的人际关系网络结构类型与强度也会极大地影响农户的社会与经济行为（万俊毅等，2011），影响农户的违约倾向与续约意愿（费孝通，1985）；在一定程度上，良好的企业与农户人际关系具有稳定交易关系、促进交易关系升级的重要作用（徐健等，2010）。

博弈论者认为，公司和农户的契约合作过程实质是一个一定信息条件下的博弈互动行为，博弈过程体现了收益风险分配机制、奖励惩罚激励约束机制、协调监督监管机制等的协同。而在收益风险分配机制中引入期权、期货、保险等风险分散工具（涂国平等，2010），奖励惩罚激励约束机制中引入价格补偿、利农性投资等激励约束措施，在协调监督监管机制中强调职能部门的监管、服务等相关制度的完善，能够在一定程度上规避自然风险和市场风险，稳定博弈双方的期望收益，进而从经济利益这一核心追求上扼制了博弈双方的违约行为（黄婧等，2009）。

总的看来，"农户＋公司"组织模式的稳定性是学者们持续关注的热点问题。四十多年来，相关研究无论从广度上还是从深度上，从方法上还是从理论上，都得到了进一步的拓展。广度上，从以往专注于"农户＋公司"模式中契约的类型、针对契约不完备产生的违约与机会主义行为的治理机制、交易成本等方面，开始关注公司与农户之间交易关系的建立、发展、维护、终止过程以及在此过程中双方的互动行为；深度上，从简单分析"农户＋公司"模式的组织形式、运作特点、面临问题及对策等上升到从契约理论、社会网络理论、博弈理论等角度探讨"农户＋公司"模式中的合作关系；方法上，从关注"农户＋公司"组织模式的现状、特点、问题及展望等规范性研究拓展到实证分析"农户＋公司"模式的收益分配、合作定价、激励惩罚稳定机制等问题；理论上，从探讨"农户＋公司"模式中交易内部化的交易成本理论到探讨社会文化、人际关系对合作影响的社会网络理论，探讨价值流向及分配的价值链理论、供应链理论、物联网理论等以及探讨合作双方策略互动的博弈理论。

学者们对"农户＋公司"模式稳定性问题的广泛而深入的研究对解决当前农业产业化发展问题起到了一定的政策指导作用，也提出了一些有益的建议和解决方案。但"农户＋公司"模式中的违约现象仍然广泛存在。因为从根本上来看，农产品的天然属性始终客观存在，契约永远不可能完备，社会网络关系永远复杂多样，当涉及合作双方的核心利益时，其基于理性的决策永远是利已的。也就是说公司和农户基于商品价格的选择策略总是不确定的，进而导致合作关系的不稳定，这也是本研究从多个角度进行深入探讨的核心目标之一。

1.2.2 供应链协同国内外相关研究综述

早在 1966 年，赞格威尔就开始了对供应链合作问题的研究，随着经济全球化和世界一体化的加速，供应链面对的外部环境愈加复杂，供应链管理也从局部优化的分布式管理模式和整体优化的集中式管理模式逐步发展到整体和局部协调优化的协同管理模式。供应链管理的首要目标不再是降低成本，而是提高供应链的快速响应能力和顾客满意度，提升供应链的整体竞争能力。实现这一战略目标的关键是供应链的协同（Anderson D，Lee H.，1996），即供应链合作伙伴采取某种合作机制（如协议或联合组织等）在业务流程、组织及信息等方面有机整合、协同发展，从而提高供应链的总体竞争能力，实现供应链的共同目标（陈国平，汪波，2004）。供应链协同是协同研究中的一个子类，多年来，国内外的很多学者从不同的角度对供应链的协同问题进行了研究，研究的焦点主要集中在供应链协同的基本理论与框架模型研究、协同方法研究、协同契约研究、算法研究、供应链协同计划研究等方面。

从供应链决策活动的时间范围和决策的相关性来看，供应链协同研究的焦点主要从战略、战术（策略）及操作（运作）三个从宏观到微观、从整体到具体的不同层面依次展开和深入。其中，战略协同位于供应链协同的最高层次，它规定了战术协同和操作协同的深度和广度，侧重于研究供应链中协同伙伴的选择与评价、厂址及仓库的定位、产品设计与创新、利润和风险的分配机制、风险、成本、信任等关系供应链全局性的战略性问题，战略协同效果的好坏直接关系到供应链中合作关系的稳定和活力。

协同伙伴的选择与评价是供应链战略协同早期研究的一个重要问题。合作伙伴选择得当与否，直接影响到供应链的配合默契以及最终协同效果。例如樊友平、陈静宇（2000），马永军、蔡鹤（2000）从战略层面对供应商和客户的选择问题采用不同的方法进行了探讨；张翠华、周红等（2005）构建了供应链协同的影响因素框架模型，认为供应链协同的关键因素主要分为联盟伙伴关系、协同策略和技术实施因素三大类。梁世翔、沈国华（2007）则通过对信息融合技术、尤其是D–S证据理论的分析，建立了物流园区协同伙伴选择的信息融合模型，并结合M决策法，以武汉丹水池物流园区物流龙头企业中储汉口公司选择协同伙伴为背景进行了实证研究。李传学、汪波（2007）给出合作伙伴选择与评价的二阶段模型，对产品协同设计、合作伙伴的选择过程等进行了分析和优选。梁莹、徐福缘（2012）则从供需网的特征出发，运用多目标进化算法探讨了企业知识协同伙伴选择的过程和机制，并通过实例验证了这一方法的有效性。

供应链中需求信息的急剧波动，会给供应链的协同运行带来不可忽视的冲击，因此供应链的协同预测也是协同研究的重点问题。例如，拉里维埃尔（2002）通过回购契约和数量柔性契约探讨了零售商分享预测信息的激励机制。宫冈（2003）则指出回购契约可以激励供应商和分销商二者之间更加诚实地分享预测信息。泰勒（2006）通过比较退货契约和返利契约对零售商投资预测技术的激励效果，认为制造商提供的退货契约更能促进零售商进行预测技术的投资。阿维夫（2006）在预测水平为外生变量的假设前提下，指出协同预测对上下游企业的利润分配取决于双方的相对实力、供方敏捷性、内部服务率等多个因素。雷恩等（2006）则认为，在行业稳定、长期合作偏好以及预测信号的干扰因素易于查测的情况下，无限重复预测分享博弈能够通过线性价格契约达到协同，即零售商能够在实现协同的情况下诚实地分享预测信息。库尔图卢斯等（2007）在假定预测质量是内生变量且与投资水平和预测能力成正比的前提下，通过预测投资博弈分析，认为双方的预测能力以及预测信息的相似度会影响双方的预测投资决策。魏炜、申金升（2008）则运用纳什均衡和贝叶斯更新模型，分析了在一个三层供应链中进行联合预测的实现条件，并认为各方预测能力越接近中等水平，越易达到三方协同预测。刘颖（2011）针对CPFR中的需求预测问题，将利用灰预测及时间序列方法所得的需求预测结果按预测精度高低排序后赋权平均，据此构建协同预测模型并得到协同预估值，结果表明，协同预测能有效提高对需求的预测精度和预测效率，并促进供应商与销售商紧密合作与信息共享。

知识创新既是创造新价值的最根本途径，也是产生和维持供应链竞争优势最为可行的战略。在市场竞争中，个体组织的创新基于自身资源的约束，其创新能力受到了更多的拘束，而在供应链协同创新中，供应链成员可以充分挖掘和利用链中其他主体的资源禀赋，从而大大提高其创新能力。供应链的协同创新也是近年来协同研究的热点问题之一。例如，金姆（2000）分析了供应链中生产商和供应商之间的关系，认为通过供应链创新可以降低供应链成本，实现供应链协作，并最终确保生产商和供应商都能从供应链的协作和创新中获得更大收益；Trienekens（2003）等则分析了发展中国家在食品供应链中的供应链创新；吉尔伯特（2003）等分析了上游供应链如何通过价格策略的实施来激励下游供应链积极参与创新。亚里莫（2004）则利用博弈论工具分析了网络经济环境下供应链中各个成员的创新激励问题；贝洛（2004）等人从制度上分析全球供应链的创新模式，提出确保供应链中的所有成员都参与供应链创新的管理框架模型；罗伊（2004）等人对供应链中各成员的关系进行研究，揭示了供应链中创新产生的根源，并给出供应链创新的理论模式和研究建议；吉格（2005）通过综合分析供应链中不同阶段的利润、成本、价值等因素，建立敏捷供应链创新理论模型；叶飞等（2005）通过引入利益共享契约来实现供应链创新的协作，从而提高整个供应链的绩效；卡姆拉特（2005）等通过建立正态随机创新扩散模型分析供应链中各成员的相互作用对供应链创新扩散的影响；韩国崔博士（2006）等从供给环节出发，研究供应链中的交易成本、风险、响应性与供应商创新之间的关系。吴冰等（2008）在阐述了供应链协同知识创新的含义及其特性的基础上，提出了供应链协同知识创新的四个基本前提，通过对供应链成员参与共享知识库建设及合作创新中“搭便车”行为的博弈分析，提出了成员参与共享知识库建设和抑制“搭便车”的激励机制设计策略。陈建军（2009）结合模块化理论构建了基于模块化的供应链协同知识创新架构模型，说明了企业在知识具体转换过程中应如何整合外部知识资源来提高企业创新能力，在此基础上，借助知识发酵模型对供应链协同机理进行了具体分析。吴冰、刘仲英（2009）根据制造商参与的不同程度，建立了制造商协同供应商进行知识创新的四个层次，在此基础上构建了基于制商和供应商一对一的供应链模型，探讨了市场需求不变情况下制造商投资供应商创新的经济决策条件。刘丽贤、李鹏（2012）基于供应链的外部环境与内部因素构建了风险评估指标体系和多因素模糊综合评价模型，对供应链协同过程中的知识创新风险进行了量化评价。

在供应链协同管理中，协同效果评价是其中重要内容之一，科学地评价供应链协同效果，不仅可以反映供应链节点企业之间的协同程度，而且可以进一步分析造成不协同的主要原因，采取相应措施促使供应链协同程度的提高。利博士等（1997）认为，渠道协同、运作协同和信息共享可提高整个供应链绩效。周荣辅、赵俊仙（2008）根据供应链节点企业协同特征，构建了一个完整的基于网络环境的供应链协同效果评价指标体系。于晓霖、周朝玺（2008）借鉴营销中的渠道权力概念，通过对供应链中制造商和零售商的相互权力进行 AHP 评价，形成制造商和零售商渠道权力结构组合，并对应于供应链伙伴关系的四种典型组合；从战略层、职能层和作业层三个维度，利用三角模糊数评价方法重建供应链协同效应评价体系，并以实证分析的方法验证了基于渠道权力而形成的供应链伙伴关系的四种典型组合与供应链协同效应的关系。结果表明，在供应链协同效应方面双核心型供应链优于制造商主导型供应链，制造商主导型供应链优于零售商主导型供应链，零售商主导型供应链优于低度均衡型供应链，并在此基础上分析不同组合的供应链协同效应差别的原因与提高的途径。王红梅、史成东（2009）构建了基于平衡积分卡、启发式属性约简和 BP 神经网络的供应链协同管理的绩效评估模型，并通过实例验证了该模型的有效性。史成东、陈菊红（2009）进一步从知识发现和数据挖掘的角度，利用粗糙集和 BP 神经网络的理论和方建立基于粗糙集和 BP（Back Propagation）神经网络相结合的供应链协同管理绩效预测模型，并给出基于分辨矩的启发式评价指标约简方法和基于梯度的 BP 算法。曾文杰、马士华（2010）通过 163 例国内制造企业供应链相关数据与一个绩效影响假设模型，对相关行业的供应链协同绩效相应地评价。刘红胜（2011）运用解释结构模型对制造企业供应链协同绩效的关键影响因素进行了分析，并探讨了它们之间的层次关系。张予川等（2012）从资金流、信息流、业务流、服务水平和发展潜力五个维度出发，构建了一个装配企业供应链协同绩效的评价指标体系，并基于灰色模糊理论详细分析了装配企业供应链协同绩效综合评价方法，以此为基础，通过调研数据与专家打分数据，实证分析了武汉市某家装配企业供应链协同的绩效。

另外，也有部分学者从关系理论和信任机制的角度对供应链战略协同进行探讨，如陆杉等（2009）从关系理论角度出发，认为“关系租”是构建供应链协同合作关系及实现供应链整体竞争优势的来源，而“关系租”又来源于关系专属资产、具有互补性的稀缺资源或能力，以及共同学习、知识交换或更有效的治理机制等。张敏等（2012）以农产品供应链为研究对象，构建了供应链关系质量、供应链管理及产品质量安全效率之间关系的理论模型，并通过问卷数据对该理论模型进行实例验证，研究表明，供应链合作关系质量及供应链管理对农产品质量安全绩效均存在显著影响。高海军（2008）在深入分析了信任在促进供应链协同运作中的作用前提下，认为信任是供应链协同的重要影响因素并在此基础上提出了供应链企业信任机制建立的途径。陆杉（2012）通过对不同信息条件下农产品供应链成员关系的博弈分析，研究了影响其信任机制建立与完善的若干因素，认为适当的农产品供应链成员进入机制、完善的激励约束机制和有效的沟通与协调机制是确保农产品供应链信任机制稳定运行的必要条件。

战术协同处于供应链协同的中间位置，是供应链协同研究中核心部分，主要侧重于生产—库存协同、库存—分销协同及生产（供应）—分销协同等局部协作问题的研究。如订货协作问题、联合定价协作问题、数量折扣协作问题、生产计划协作问题、分销系统协作问题、库存协作问题等。在这些研究中，运筹学、博弈论、契约理论、多代理之间的协商策略等得到了广泛的运用。例如，克劳斯汤（1973）等采用动态规划的方法分析了需求不变条件下生产—库存的协同问题。阿芬太尼和加维什（1986）则采用拉格朗日边界条件放松法进一步探讨了需求变化情况下的生产—库存的协同问题。李博士（1994）研究了单阶段环境下需求同时依赖价格和交货期的优化问题。1995 年，由国际著名的商业零售连锁店 Wal-Mart 等五家公司联合研究提出了面向供应链协同管理的有效策略—协同计划、预测与补给（CPFR）（但斌、张旭梅，2000）。翁博士（1995）探讨了一个分销协同决策问题，认为实行数量折扣和特权费混合契约安排可以保证协同条件下的联合利润最大化。此外，斯普肯（1995）还对 FCFS（First come first served）和 LQ（Longest Queue）两种政策下多种产品的生产—库存系统的绩效进行了分析。托马斯（1996）等从采购、生产和分销三个基本环节考虑了三种供应链协同关系：买方—卖方协同、生产—分销协同和库存—分销协同，认为在企业独立竞争阶段上述三个阶段是通过大量的库存作为缓冲并分开管理的。傅博士、皮拉尼（2004）研究了在供应方主动与制造商协作并共享生产与库存信息的环境下双方库存水平和库存成本的减少程度。姚博士等（2005）在 Cachon 模型的基础上，研究了需求随价格变化下的由一个制造商和两个具有竞争关系的零售商组成的供应链系统中价格变化对最优零售价格、订货数量、制造商和零售商之间利益共享决定的影响，并进一步探讨了零售商之间的竞争对供应链伙伴的不确定需求和利润变化的影响。曹细玉（2006）在研究中考察了第三方物流商对供应链协调的影响。赵明、张雁（2007）研究了两阶段环境下需求依赖价格和交货期的供应链协调模型。王俊峰、刘立东（2009）运用博弈论研究了闭环供应链的协调问题，通过构建 TPT-CLSC 系统的非合作联合定价博弈模型，给出了不同模型下的定价策略并用数值算例进行了验证。王巍（2010）运用博弈论和数学建模探讨了闭环供应链中回收旧品分级定价的最优化问题，研究表明，闭环供应链的系统收益在联合定价策略下要大于分散决策时的结果。梅晚霞、于本海、马士华（2012）为解决订货过程中的相关决策问题，构建了以价格、折扣率和订货量作为决策变量的联合定价和库存决策数学模型，算例验证表明利润函数对各参数具有不同的敏感度。

操作协同处于供应链协同的最低层次，是战术协同的基础和前提，其研究焦点主要为生产流程的同步及信息协同等技术性的问题。如电子商务、电子数据交换、条码和扫描技术、数据仓库、因特网技术，WWW 技术和决策支持系统等。另外，支持信息协同的技术还包括企业门户技术、电子数据交换技术（EDI/XML）、电子订货系统（EOS）、GIS 与 GPS 技术、自动识别技术等。其中，基于 Web 的企业信息门户（EIP）的基本作用是为人们提供企业信息并实现信息的个性化交流。但同时它也是企业业务流程的集成，EIP 以商业流程和企业应用为核心，把商业流程中功能不同的应用模块通过门户技术集成在一起，实现供应链的同步运作（曹伟，2003）。因此，企业信息门户的发展为供应链协同提供了同步运作和信息协同的框架平台，同时企业门户技术的应用也必将推动信息技术革命进入一个全新的阶段。沙列（2000）指出供应链各成员间的协作是供应链协同管理的关键，并提出了供应链协同系统基于电子黑板的协商问题。王学东（2001）应用系统和协同的观点深入剖析了电子商务中信息流、物流和资金流的内在联系和互动机理，构建了信息流、资金流、物流协同互动的五大平台。麦克·马洛（2003）等人研究了电子商务对供应链协同管理的支持。利博士则认为供应链集成的基础在于信息共享和协同。沙欣等分析了信息不共享与不协同、信息不完全共享与不协同和信息完全共享与协同之间的关系。千百惠等从经营管理理论的角度将以往的协同问题研究进行了分类总结与评析。路永和、邹一秀等（2006）通过对供应链协同决策特征的描述，提出了供应链协同决策内容、协同决策信息的建模过程和组织模式，由此分析了 Web

服务在构建供应链协同决策支持系统中的技术优势。但斌等（2012）构建了电子商务环境下由一个制造商与一个零售商组成的双渠道供应链模型，研究分析了不同决策条件下双渠道供应链的最优价格与补偿策略，并以算例进一步检验了所设计的补偿策略对双渠道供应链协调的有效性。艾超、谢忠（2013）分析了在供应链上采用射频识别（RFID）技术以及其应用所面临的挑战和产生的商业意义，认为 RFID 的广泛采用需克服相关技术人员不足、资源稀缺性、标准化、立法和财务等方面的挑战，以便在供应链管理中各参与企业能共享相关信息，导入数据仓库，实现业务整合，从而更高效地获得更多经济利益，提高市场竞争力。

国内外针对供应链协同信息共享的研究也很多，例如，利豪尔（1992）等人指出，高质量、实时的、涉及需求和供应的信息共享，是实施供应链协同管理的基础。史蒂文斯（1994）、阿古纳塞卡兰（1993）以及本内特（1992）等对 IT 在企业供应链管理中的作用及应用作了研究和分析。邵晓峰等（2001）在分析供应链牛鞭效应的原因时，认为牛鞭效应是由于信息沟通和供应链的一些固有属性造成的，提出成员间协作、建立战略性合作伙伴关系、共享需求信息、进行集成化供应链管理等措施以缓解供应链牛鞭效应。另外，技术的安全和柔性与供应链的协同合作也有着一定联系。如弗兰克·奎恩（2005）所言，供应链协同与安全有着内在的联系，与上下游合作伙伴之间持久的关系有利于供应链的安全，而相应地，供应链安全能够加强合作伙伴之间的关系和协同。企业能够利用跨组织 IT 建立和维持商业所需的与外部的联系，其使用范围和强度越大，网络化合作层次越高。崔海德和克里斯蒂娜·塞泽科恩（2002）利用协同软件，使分散在全球各地的组织共同工作、交流和合作更加有效和可行。刘国光、王秀海等（2009）通过对化工供应链协同信息系统的结构构建和平台分析，对化工供应链协同的信息系统的构建提出了一些观点。陆杉（2008）在分析协同效应概念的基础上，从有形协同与无形协同两个方面探讨供应链协同机会的识别，从而揭示供应链管理协同行为与竞争优势，并由此提出实现供应链协同效应的应培植以知识共享为基础的企业文化、建立信任机制、完善供应链集成化协同管理信息系统。

另外，也有部分学者关注农产品供应链协同，博塞和安纳德（2007）在假设批发价格为外生价格下，研究回购政策下的供应链协同问题，文献认为，仅当批发价格非常高时，回购策略下的均衡才是帕累托最优。盛革（2009）提出以虚拟批发市场为核心、有形批发市场兼营和多种中间服务组织广泛参与的全面协作型农产品现代流通服务体系的概念框架，整体作出了基于协同优化的模型设计，包括理论刻画商流与物流分离、虚拟交易与实体物流统一的运作机制，一般描述协同电子商务工具平台，以及就体系运行效率建立其最优评价目标模型，并依据政策导向提出相关建议。许金立、张明玉（2011）界定了农产品供应链协同的内涵，分析了农产品供应链的协同动因及其协同机制，认为农产品供应链中各节点协同运作可整体优化降低供应链的成本，提高供应链运行效率和经济收益。

总的看来，国内外众多学者对供应链协同进行了多维度深入研究。从纵向维度来看，供应链协同研究的焦点主要从战略、战术及操作三个从宏观到微观、从整体到具体不同层面依次展开和深入。其中，战略协同位于供应链协同的最高层次，它规定了战术协同和操作协同的深度和广度，侧重研究协同伙伴的选择、厂址及仓库的定位、利润和风险的分配等供应链战略性问题。战术协同位于供应链协同的中间位置，是供应链协同研究中的核心部分，主要侧重于生产—库存协同、库存—分销协同及生产—分销协同等问题的研究。操作协同处于供应链协同的最低层次，是战术协同的基础和前提，其研究焦点主要为生产流程的同步及信息协同等技术性的问题。从横向维度来看，相关研究主要以链中核心企业为基点，分别从供给和需求的角度进行深入和具体的探讨。以往的供应链协同运作的研究文献多以制造企业为核心，从需方和需求驱动的角度对供应链中的协同问题进行研究，并提出了各种各样的基于需求驱动的协同管理策略。但很少有文献从供方的角度、基于动态价格对农产品供应链的协同管理问题进行研究。考虑到农产品的生产、流通及分销的特点，农产品供应链的协同研究显然相比非农供应链更为复杂，然而拉长时间维度，其本质仍与非农供应链基本一致，即供应链主体协同努力，尽可能快速响应客户需求，提高农产品供应链的整体竞争力。

1.2.3 供应链协同机制国内外相关研究综述

戴维·安德森和霍尔·利指出，未来供应链的战略重点在于供应链的协调，即供应链合作伙伴采取某种合作机制（如协议或联合等）在资源、技术、业务流程及组织等方面有机整合、协同发展，从而提高供应链总体竞争力，实现供应链共同目标。供应链是一个区别于传统的买卖关系的相互依赖的系统，是共同获取收益和承担风险的合作关系，是一种混合治理结构，其通过合作或专用性资产投资来建立紧密的合作关系满足不确定性环境的要求。供应链的协同是提升供应链整体竞争力的关键要素，良好供应链的协同效果建立在高效的协同机制上，只有建立合理高效的协同机制如利润和风险分配机制，供应链协同的稳定态才能长期保持。

供应链协同机制研究是供应链协同研究的一个重要分支，其主要由利益与风险分配机制、信任机制及信息共享机制组成。供应链协同的具体方法通常包括专用性资产投资、监管、契约等（桑迪，尚卡尔·加内桑，2000）。其中基于利益与风险分配的不同类型的契约关系是其主要研究对象，理论基础主要依赖于交易成本、资源依赖、相互依赖与社会交换等理论。例如，格兰多里（1997）就供应链成员之间不同的依赖关系如何选择协同机制建立了评价模型；罗斯（1999）基于 13 个深度案例分析研究了采购—供应合作关系中成员协同的决策模式；朱迪思（1999）从交易的特性、成本、绩效等变量选择供应链协同关系的治理机制；潘妮（2001）基于英国宇航部门的供应链比较了经济与正式契约两种协同机制在供应链合作关系中的效果；托加尔·西马图庞等（2002）认为，对供应链成员间的协同研究通常强调针对特定目标的单个协同模式，供应链需要新的模型和有效的协同机制去解决供应链的解体问题。瓦伦（2003）对交易成本理论在供应链合作关系中的应用研究现状进行了回顾；塞巴斯蒂安（2003）对 IT 和协同成本从不同角度进行了讨论，认为市场机制适合应用于供应链的下游，而面向供应商则适合采用基于 IT 的协同机制。

与国外研究相比，国内对供应链协同机制的关注相对较晚，尚未形成一整套完整的理论体系。邱灿华（2005）等人对分布式决策供应链的协同机制进行了探讨，将协同机制细分为委托代理理论、价格协同机制、合同机制、库存控制机制 4 类。励凌峰、黄培清（2005）对企业并购中的供应链协同与整合问题进行了探讨，认为不管是横向并购、纵向并购还是混合并购，识别供应链间的有形协同机会和无形协同机会是实现供应链协同的首要步骤，而设计一套供应链整合机制是实现供应链协同效应的重要途径。供应链的协同机制通常是通过组织之间的契约合同来实现的，常用的供应链契约有数量折扣契约、回购契约、数量柔性契约、收益共享契约，其着眼点主要在于如何设置定价策略、分摊风险和收益。夏蔚军、吴智铭（2005）为了使供应链达到协同，提出了利润共享与买回契约组合而成的新型混合契约，并用该契约对单供应商—单零售商，以及单供应商—多零售商组成的两级供应链模型进行了协同博弈分析，认为混合契约可以使供应商与零售商达到协同状态，并能使供应链渠道总利润最大化。张翠华、任金玉等（2006）研究了非对称信息下生产商与供应商之间的协同机制。通过对信息隐匿和信息对称条件下供应链决策结果的比较，分析了建立协同机制的必要性，引进了基于惩罚和奖励的激励函数，提出了由订货量、惩罚成本和奖金三种激励方式相结合的协同机制，着重研究了订货量一定的情况下，生产商通过调整惩罚成本和奖金使非对称信息下供应链系统的绩效实现了最优，最后进行了仿真计算。魏晨、马士华（2008）针对瓶颈供应商对制造商采购提前期制约的影响，在一个"两供应商—单制造商"组成的两阶供应链系统中，构建了分散决策契约模型和集中决策下的协同契约模型，通过比较供应链的总体收益，指出核心制造商从供应链的角度提高瓶颈供应商在提前期上协同的重要性并做了详细分析，并从提高供应商协同积极性的角度提出了对供应链渠道收益分配机制。最后，通过数值分析证明了文章中提出的新观点。陆杉、高阳（2007）认为要建立起供应链成员间的相互信任关系，首当其冲的是要建立起能够促进相互信任产生的机制，并对过程型、特征型和规范型三种信任机制进行具体的探讨，认为长期持续、可靠的相互关系往往会进一步强化为相互间的信任和依赖，成员企业的社会背景和公司文化越接近，他们的思维和行为模式的一致性也就越高，从而形成具有明显特征的、能够涵盖各方共享利益和策略并被各方接受的文化的可能性也就越大。而要使每个成员的行为理性化，尤其是能抵抗住外部的巨大诱惑，就需要建立一套阻止相互欺骗和防止机会主义行为的规范机制。付蓬勃、吕永波等（2007）提出不同合作层次企业的四种协同管理模式，在此基础上，构建了供应链信息共享的组织结构，建立了信息共享的激励与约束机制，并对信息共享机制下的供应链效益进行了经济分析。张萍、陈幼平等（2007）依据供应链的工作流程对多代理供应链分布协同决策技术进行了研究。郝海、仲从友等（2007）探讨了不对称信息下两阶段供应链的协同机制，旨在从制度上保障供应链企业的协同合作。孙华、何建敏、庄亚明（2007）在基于回购合同的两级供应链协同中引入参与者的风险态度，供应链的协同就是满足供应链主导企业和非主导企业风险约束情况下的最优解。俞燕（2008）探讨了三种基于多代理系统的供应链协同机制，最后以供应链中的存贮—路径问题为例进行具体说明。吴先金、梁培植（2008）依据机制计理论，探讨了供应链机制设计的目标、规则、程序、组织联盟和策略等问题，对于提高供应链协同效应或价值具有重要意义。孙华（2011）在需求分布为均匀分布且信息不对称情况下，存在一种成本调节机制作用于零售商和生产商的利润分配比例且能同时保证供应链的整体利润最优。

供应链协同机制的另一个重要研究角度是从产品特性出发来选择相应的协同机制。例如，卡拉杰克（1988）按照采购的重要程度和市场供应的复杂性将产品分成四类，对不同的产品采用不同的协同策略；费希尔（1997）将产品分为功能性产品与创新性产品，功能性产品采用有效供应链，创新性产品采用市场响应供应链；李博士（2001）在费希尔的基础上采用定量方法分析了产品类型与供应链管理策略之间的关系；纳斯西姆贝尼（1998）则使用协同理论研究不同依赖类型与协调机制之间的匹配问题；格里特（1999）认为农产品供应链具有特殊性，需要通过加强资产专用性和更高的进入与退出门槛等策略来加强合作关系；沙欣（2002）等认为集中式的供应链往往可以采用集中决策来协同，而分散的供应链由于成员较多则需要选择合适的协同机制（如契约、承诺等）来满足绝大多数成员的利益；乔布（2003）认为产品对决定组织的类型（包括采购方和供应商之间的关系）是十分重要的因素，对于非关键的物品比较适合采用市场机制，对于战略性资源采用部落式的协同机制，对于瓶颈资源则采用近于层级制的协同机制。

总的来说，上述文献主要从工业供应链出发，以供应链主体之间的合作契约为研究基点，以交易成本、资源依赖、社会交换、机制设计等理论为研究基础，通过博弈和优化的分析方法，对供应链的协同进行机制探讨，少有文献从供方的角度基于动态价格对农产品供应链的协同管理问题进行研究。

1.2.4 研究述评

“农户＋公司”供应链是通过商品契约或联合组织形式实现农户与龙头企业之间连接的一体化主要形式。早期的国内研究主要从一种新的农业一体化组织出现的积极作用和意义的角度进行理论探讨。但随着“公司＋农户”模式的在我国的不断实践，以商品契约为构建基础的“公司＋农户”组织形式在发展过程中出现了越来越多的问题与困扰，突出地表现为公司与农户之间违约现象严重，公司＋农户运营模式的稳定性受到了严重的挑战，因此组织中商品契约稳定性成为国内学者研究的焦点。国内外学者主要从农户和产品的类型、资产特征及组织关系等不同的研究视角基于组织理论、经济理论、制度理论及博弈理论对“农户＋公司”型供应链的治理结构和运行机理进行探讨和分析，而从供应链协同的角度系统全面地分析“农户＋公司”运营形式的作用机制的文献极少。

供应链协同是协同研究中的一个子类，多年来，国内外的很多学者从不同角度对供应链的协同问题进行了研究，如部分学者探讨了供应链的协同条件及其内在实现机制，也有部分学者重点关注供应链中协同关系的本质、建立和维护等，还有部分学者从层级的角度将供应链协同研究的焦点分为战略、战术（策略）及操作（运作）三个从宏观到微观、从整体到具体不同层面。其中，战略协同位于供应链协同的最高层次，它规定了战术协同和操作协同的深度和广度，侧重研究协同伙伴的选择与评价、厂址及仓库的定位、产品设计与创新、利润和风险的分配机制、风险、成本、信任等关系供应链全局性的战略性问题，其协同效果的好坏直接关系到供应链合作伙伴关系的稳定和活力。战术协同处于供应链协同的中间位置，是供应链协同研究中的核心部分，主要侧重于生产—库存协同、库存—分销协同及生产—分销协同等局部协作问题的研究。如订货协作问题、联合定价协作问题、数量折扣协作问题、生产计划协作问题、分销系统协作问题、库存协作问题、合作广告、协同预测等，在这些研究中，运筹学、博弈论、契约理论、多代理之间的协商策略等得到了广泛的运用。操作协同处于供应链协同的最低层次，是战术协同的基础和前提，其研究焦点主要为生产流程的同步及信息协同等技术性的问题。

供应链协同的研究方法，从目前的研究文献来看，主要分为两大类，一类是博弈优化，是指从市场运作角度基于成本的优化，并以博弈理论来分析博弈主体之间的关系，以确定博弈双方的最优均衡策略。在博弈优化中，事前假设是供需之间不能以契约的形式直接对系统收益或成本进行重新分配，只能通过间接手段对供需之间的收益进行调整。另一类是整体优化，是指从市场营销角度基于收益的优化，这种优化模式与博弈优化正好相反，其将供需双方看成利益一致的统一体，然后确定供需双方的决策使得整个供应链的绩效最大化。从供应链整体来看，整体优化要优于博弈优化。许多文献中探讨的联合经济批量就是整体优化的结果。但整体优化对供需之间的合作程度及协调机制要求更高，所以实施起来更加困难。不过，若供需双方能信息共享，相互诚信，整体优化是可以通过一定的协调机制得以实现。还有很多学者基于动力学建模、仿真、知识管理等方法研究了不确定性下的供应链协同和优化方法。

对供应链协同的研究，国内学者更多强调利用运筹、博弈等理论与方法从交易成本、资源依赖、相互依赖与社会交换等的角度对供应链合作关系展开研究。国外学者则主要从决策优化的角度对供应链的协同进行探讨。

总之，目前对于供应链协同机制的研究主要集中在局部的优化和协调上，而且对于协同机制的研究往往侧重于某个方面，对协同机制的分析也不够全面和系统。比如将信息共享与协同完全等同起来，认为实现了信息的共享就实现了供应链的协同。而供应链协同机制，除了包括信息共享机制还包括收益分配机制和信任机制等。另外对协同机制的分析也不够深入，协同收益分配机制的研究是协同机制研究的核心内容，从不同的视角对协同机制进行研究的国内外文献很多，但大部分分析均是从静态博弈和优化的角度出发，忽略了供应链中极为关键的影响因素即价格的动态性，从而使研究结论缺乏现实性。综合来看，从供方的角度来基于动态价格对农产品供应链的协同机制进行系统研究的国内外文献很少。考虑到农产品的生产、流通及分销的特点，农产品供应链的协同研究显然相比非农供应链更为复杂，然而拉长时间维度，其本质仍与非农供应链基本一致，即供应链主体协同努力，尽可能快速响应客户需求，提高农产品供应链的整体竞争力。与此相应，本研究拟从农产品供应链的横向维度，以链中农业加工企业为核心，以农户—公司二级供应链为基点，从供给的角度对动态价格条件下的农产品供应链的协同机制进行全面系统的分析，以探讨农产品供应链协调运行的稳定机理，为农产品供应链稳定高效运行提供制度设计的合理方向。

1.3　研究的主要内容及路径

本研究的主要内容如下：

第一，界定农产品供应链、供应链协同、农产品供应链协同的含义，厘清农产品供应链的发展演变过程，探讨农产品供应链中的合作关系及利益关系，探寻协同机制实现机理的一般规律。

第二，对供应链协同的理论基础如供应链管理理论、协同理论、灰色系统理论、博弈论等相关理论进行简单梳理归纳，并探讨上述理论在农产品供应链协同过程中的适用性，为全文研究奠定理论基础。

第三，总结了我国农产品供应链的几类基本运行模式，并运用实证方法分析了现阶段我国农产品的物流效率状况，最后基于信息熵理论对我国农产品供应链的几类运作模式进行分析与评价，并借此探讨我国农产品供应链协同的现实需求状况。

第四，以我国农业经济中较为典型的农产品供应链协同模式为研究对象，以灰博弈理论为理论基础，以链中农产品加工企业为关注核心，分别对专用性差异及期权＋保险条件下农产品供应链的协同机制进行深入分析，借此探讨农产品供应链协同中收益风险合理分配的一般机理。

第五，信任是农产品供应链协同合作的基石，信任受到多种因素的影响。本书以“公司＋农户”这一二级供应链为研究对象，从机会主义防范、相互依赖及利益公平三个角度，引入政府补贴、利润返补、专用性损失、保险费和期权费五个变量，并以动态价格下的信任进化灰博弈模型为基础，探讨农产品供应链协同过程中信任的显示机制，明晰了基于信任的农产品供应链协同稳定运作的作用机理。

第六，信息共享是提高供应链的协同水平、整体绩效和可持续发展能力的基础，但供应链中众多的不确定性引致的信息共享风险和阻力抑制了供应链中上下游企业共享信息的积极性。必要的技术手段和信息共享激励机制的合理设计是农产品供应链协同中实现信息共享的核心关键。本研究在农产品供应链主体的合作行为进行基本分析的基础上，重点探讨了如何构建激励农产品供应链核心企业提高信息共享努力水平的激励机制，并以此基础上进行相应的理论和数据分析。

第七，农产品供应链协同是指农产品供应链中各节点企业之间通过利益共享、风险共担、信息共享及信任协调等运作机制实现供应链整体收益和运行效率同步优化的过程。在供应链协同实现的过程中，链上收益风险的合理分配是协同实现的动因，信任关系的建立是农产品供应链协同的基础，信息共享是农产品供应链协同的主要技术关键。上述三种协同机制又因管理的目标、方法和内容的不同分别嵌存于供应链战术层、策略层和战略层三个不同的层次中。信任会减少信息共享的成本、提高信息共享的水平，而信息共享也会体现和巩固相互之间的信任程度；收益和风险的合理分配会提高信息共享的意愿和能力，而信息共享会减少或抑制信息不对称进而促进收益和风险的合理分配。本书的研究进路图（图 1-1）。

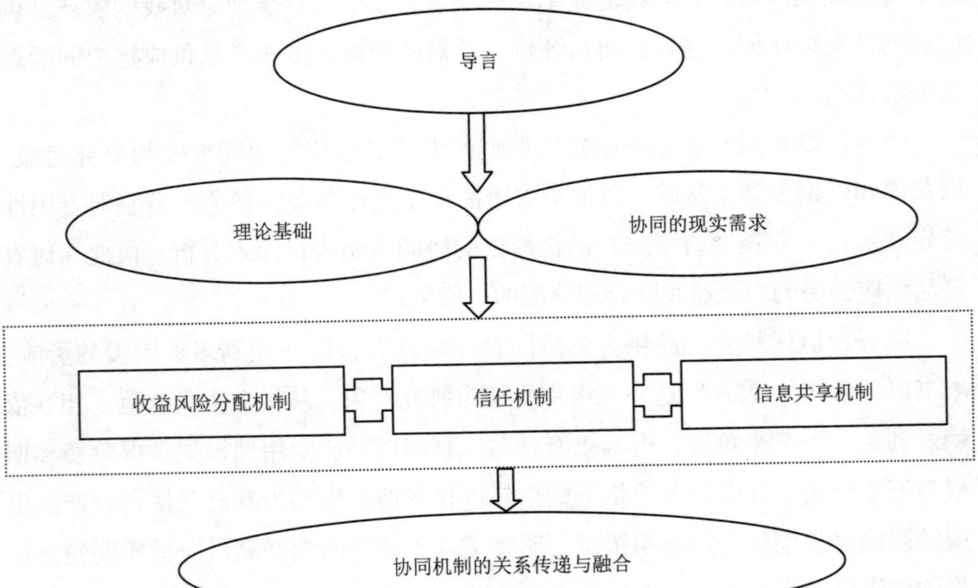

图1-1　研究进路图

1.4 研究方法

第一，以信息熵理论为基础的比较分析法。比较分析法是通过数据对比来反映经济活动现象和揭示经济运作结果的一种分析方法。“信息熵”表示信息中排除冗余后的平均信息量。其与数学与热物理学密切相关，数学是信息熵度量的外在表现形式，热物理学是信息熵思想的原始火花。从数学角度来看，信息熵是特定信息出现的不确定性程度的正向反映；从热物理学角度来看，信息熵是系统有序化程度的反向反映。供应链是一个开放的系统，供应链管理可通过其信息管理得到反映，信息熵的大小反映了供应链的信息管理效率，也反映了供应链组织结构的运作差异。因此，借助信息熵理论，可以准确比较各类农产品供应链运作模式的运作效率，系统优化农产品供应链的组织结构模式。

第二，以面板数据为基础、以农产品物流效率测度为目标的随机前沿（SFA）实证分析方法。实证分析是基于某种前提假设或理论来描述、解释、说明或预测某类经济问题的研究方法。随机前沿分析（SFA）是面板模型分析方法中一个代表性的重要扩展，其主要应用于分析生产函数或成本函数中的无效率问题。例如，在拓展分析农产品供应链的协同现实需求时，用随机前沿生产函数方法实际估测了我国农产品物流的效率水平；在分析“农户＋公司”型农产品供应链的代表性时调用了大量数据库数据和实地调研数据并采用计量经济方法进行了实证分析。

第三，以灰色系统理论和博弈论为基础的灰博弈分析方法。从博弈论的发展过程来看，经典博弈理论解决问题的假设前提主要为基于完全理性基础上的信息的完全与不完全以及时间的静态与动态。然而，现实世界呈现更多的是不确定性、有限知识等许多问题，这些不确定性、有限知识问题通过模糊集理论的隶属函数得到准确的刻画。模糊集理论是经典集合论的推广，相比于经典集合论，模糊集理论中无论是策略集还是收益集，其边界都是不清晰的、灰色的。灰色系统理论为处理博弈论中的有限理性和有限知识等问题提供丰富的思想营养和一定的方法手段，将灰色系统理论与博弈问题相结合，创建灰博弈理论的框架和体系，可以更加切合实际地柔性解决农产品供应链协同机制中的许多灰色决策信息问题，例如，动态价格下的农产品供应链协同收益分配机制和信任机制等问题。

第四，调查与案例分析方法。本书部分章节采用了实证分析的研究方法，其涉及的大量数据主要来源于两个方面：其一是国家级相关统计数据库，如对我国农产品进行物流效率分析的相关数据；其二是通过实地调查的调研数据，如“农户＋公司”型农产品供应链的代表性及发展过程中出现的问题的问卷调查以及农产品供应链协同收益分配机制中的具体案例分析等。

1.5 研究的可能创新及不足之处

1.5.1 创新之处

本研究通过宏观上构建农产品供应链协同机制的研究体系，微观上进行相关研究的模型构建和实证分析，取得了一些研究结论或成果，主要创新有：

第一，基于灰博弈理论探讨动态价格条件下的农产品供应链协同机制的运作机理。农产品价格的动态性源自生产的生物特性和需求的不确定，是农产品供应链协同困难的起点。农产品价格的动态性会直接导致供应链的主体收益成为灰函数，并进而导致协同过程呈现更多不可控情况。因此引入灰博弈理论并以此为基础对供应链主体的策略行为进行均衡分析以探讨农产品供应链协同机制的运作机理是本文创新之一。

第二，基于委托代理理论和不同信息条件动态分析提高信息共享努力水平的激励机制。在农产品生产日益产业化和市场化、需求日益精益化的基础上产生的信息共享是提高供应链的协同水平、整体绩效和可持续发展能力的基础，但供应链中的诸多不确定性引致的信息共享风险和阻力抑制了供应链中主体共享信息的积极性。在对农产品供应链主体的合作行为进行委托代理分析的基础上，通过一个 n 阶段线性规划模型探讨了动态价格下提高信息共享努力水平的激励机制，并以此为基础进行相应的理论和数据分析，这种多阶段、对称和不对称信息下的均衡分析是对相关问题突破传统静态研究方法的一次尝试。

第三，风险收益分配机制、信任机制及信息共享机制三者的关系传递与相互融合机理。农产品供应链的协同主要表现为链上主体通过利益共享、风险共担、信息共享及信任协调等运作机制来实现供应链整体收益和运作效率同步优化的过程。在供应链协同实现的过程中，链上收益风险的合理分配是协同实现的动因，信任关系的建立是农产品供应链协同的基础，信息共享是农产品供应链协同的主要技术关键。三种协同机制因供应链管理的目标、方法和内容的不同分别嵌存于供应链战术层、策略层和战略层三个不同的层次中，并相互作用、互相融合，这种供应链协同机制的关系传递与融合模型也是本研究的另一创新尝试。

1.5.2 不足之处

囿于实际研究过程中的主客观条件，相关研究尚存许多不足，主要表现在：

第一，农业发展水平的阶段性制约使得研究体系不完善、研究数据不完备，进而导致研究耽于理论、欠缺实证。在探讨农产品供应链协同的现实需求时，研究过程比较庞杂，逻辑性略有欠缺，如果能够获得更多直接的实证数据进行简明扼要的分析，相信更能直切问题的要害；在探讨利益共享、风险共担、信息共享及信任协调等农产品的运作机理时，更多地侧重于理论研究，尽管有部分调查数据和实际案例，但研究尚欠具体和深度。

第二，模型分析的假设条件严苛，部分削弱了理论研究与现实的契合度。信任机制的研究涉猎学科较多，例如，广泛涉及社会学、管理学、经济学、心理学等学科，信任从主体、相互关系、属性特点等多方面影响到农产品供应链的协同稳定发展，本研究仅从经济学的视角以灰博弈理论进行机制分析，结论可能与现实问题有所偏离。

第三，农产品供应链协同机制的互动传递融合模型仅为理论“骨架”，尚需大量“血肉”有机融合。农产品供应链协同机制的互动传递融合模型分析了农产品供应链的主要协同机制在不同层级下的互动及融合过程，需要进一步探寻一个契合三种协同机制的总纲，并以此为基础进行系统分析。另外，对协同机制关系传递融合模型的分析也是浅尝辄止，缺乏理论深度和案例验证。相信随着农产品供应链协同理论体系的完善和农业经济产业化的发展，相关研究会逐步得到完善。

第2章

概念界定与理论简介

2.1 概念界定

2.1.1 供应链和农产品供应链

供应链的概念是在企业管理理念不断交互磨合过程中逐步形成的，其雏形最早可追索至现代管理之父彼得·德鲁克（Peter F.Drucker）提出的“经济链”。彼得·德鲁克认为经济链中的成员要加强相互合作，精准掌控经济链的成本，进而最大限度地提高经济链的整体效益并在全球市场竞争中立于不败之地。20世纪80年代初，美国学者迈克尔·波特（Michael Porter）在“经济链”的基础上进一步提出了“价值链”思想。价值链的思想强调从整体上考察单个企业的价值，并将企业的运行活动分解为战略性相关活动和辅助性相关活动。随着学者们对采购和供应管理研究的逐步展开，“价值链”进一步被扩展至企业外部的供应商，例如，山科（Shank）和葛因达加（Govindarajan）认为企业应该将自身的价值链置于整个行业的价值链中去审视，并制定出获得可持续竞争优势的合理战略。随着精益管理思想的出现，沃马克和琼斯（Womack and Jones，1996）及马丁（Martin，1997）提出了“价值流”概念，认为价值流是一组对顾客具有一定价值、为顾客创造某种结果的从头至尾的连续活动。

“供应链”吸收了上述经济链、价值链和价值流的思想，并认为供应链是基于核心企业对信息流、物流、资金流的控制，通过采购、制造、运输、销售等活动，将供应商、制造商、分销商、零售商直到最终用户连成一个整体的网链结构模式。它是一个范围更广的组织结构模式，主体上包含所有加盟节点企业，过程上涵括从原材料供应开始，经过链中不同企业的制造、加工、组装、分销等过程到提供产品或服务给最终用户。链中主体相互依存、相互协作，风险共担、利益共享。物料流、信息流及资金流在外在形式上表现为链中主体的购销活动，在价值形态上则表现为资金流的动态增值过程。

有别于以工业品为中心的供应链定义，农产品供应链可以被描述为是以农产品加工企业为核心，通过对产供销流程中的物流、信息流、资金流的控制，从农资采购开始、农产品的生产及加工成最终产品，最后由销售网络把产品送到消费者手中，并将农资供应商、农户、加工企业、批发商、零售商、直到最终消费者连成从“田头”到“餐桌”的整体功能网链结构。

2.1.2　供应链协同和供应链协同机制

随着经济全球化和世界一体化的加速，供应链管理面对的外部环境愈加复杂，供应链管理也从局部优化的分布式管理模式、整体优化的集中式管理模式逐步发展到整体和局部协调优化的协同管理模式。约翰·兰利（John Langley）指出“如果没有其他人的帮助，你就不可能从供应链中得到很大的收获”。供应链管理模式的变革不仅仅是为了降低成本，更重要的是提高顾客满意度，提高供应链的整体竞争力，而实现这一目标的战略关键是供应链的协同（戴维尔·安德森，1996），即指供应链合作伙伴采取某种合作机制（如协议或联合等）在资源、技术、业务流程及组织等方面有机整合、协同发展，从而提高供应链的总体竞争力，实现供应链的共同目标（霍尔·利，1996）。

与传统供应链管理思想相比较，供应链协同有以下三重不同内涵：首先，在供应链的伙伴关系上，它更强调建立在合理收益风险分配机制上的个体决策的整体理性，即链上各主体均以提高顾客满意度及供应链整体竞争力为行动和决策的导向；其次，在供应链管理的战术层次上，供应链协同更加注重基于时间竞争基础上的各主体间业务的无缝整合，强调供应链上资源的合理配置和供应链整体服务水平及竞争力的稳步提高；最后，在供应链管理的操作层次上，信息是供应链管理的核心要素，信息有效量和信息成本是影响供应链信息协同的重要指标，和传统供应链管理中个体成员信息共享条件下过于关注自身的绩效评估不同，供应链协同管理更强调在供应链整体边际信息收益等于边际信息成本基础上的信息共享。也就是说，信息共享是供应链协同的必要而不充分条件，信息协同是更高层次的信息共享。

从系统论的视角来看，供应链是一个开放复杂的管理系统。供应链协同是以各子系统（链上成员企业）之间的契约合作或联合为基础，并以文化、信息和组织整合，资源、过程和功能重组等形式进行物资能量和信息的交流，以实现供应链管理系统的协同效应、提升供应链整体竞争力的过程。而供应链协同机制则是指那些旨在促成供应链子系统之间的联系，加强供应链子系统之间的协调，进而使得供应链协同效应得以实现的运作方式和手段。这种方式和手段或旨在调动子系统的主体积极性，或旨在保证系统管理活动的有序化和规范化，或旨在提供管理活动的物资和精神保障，抑或综而有之。

2.1.3 供应链收益与风险分配机制

供应链是一个区别于传统交易关系的、各子系统相互依赖合作的开放复杂系统，是一种收益与风险同存的混合治理结构，其通过某种运作方式或手段来实现收益和风险在供应链中的合理分配，以满足不确定性环境下供应链稳定顺畅运行的要求。供应链协同是提升供应链整体竞争力的关键驱动因素之一，其良好的协同效果建立在高效合理的协同机制上，这种协同机制主要以契约或联合的形式在系统合作中得以呈现，供应链收益与风险合理分配机制的实现手段和方式一般包括补贴、专用性投资、保险或期货等。

2.1.4 供应链信息共享

信息共享是指不同终端或客户端之间，基于网络或平台交流、管理、分享数据信息，以促进资源合理配置、节约交易成本、最大化整体收益一个重要手段。相比于早期的物流管理思想，成员协作是供应链管理更为关注的核心内容，而提高供应链协作水平的关键则是信息共享。供应链信息共享是指链中成员的库存与销售、需求预测、订单状态、生产与配送计划、经营能力水平等一系列流程信息，能够在供应链中高效有序地流动和存储，以保证链中成员能够及时交换分享所需信息，并对不确定性需求进行快速响应。

2.1.5 供应链信任

供应链中成员之间的交易关系大多以契约的形式进行连接，由于不确定性和风险的存在，供应链中存在产生机会主义倾向和败德行为的激励，这会给买卖双方之间的信任带来负面影响，给供应链整体上的稳定运行带来冲击。正如美国一位伙伴关系专家指出的："伙伴关系中有众多议题，但相互信任是绝对的关键和基础。"

供应链信任是指供应链节点企业之间的信任，即供应链中买方和卖方之间的信任。然而，由于信任影响因素的层次性和多面性，供应链节点企业的信任面临着一些现实问题。首先，日益个性化的市场需求和快速准确的服务诉求对供应链中企业的能力提出了更高的要求，需求的多样性、个性化以及服务的响应速度等都会给供应链节点企业之间的信任关系带来一定的冲击；其次，尽管激烈的市场竞争和供应链协作的租金使供应链节点企业之间意识到增强合作的必要性，然而，由于供应链节点企业同时具有私人利益的原始诉求，这种整体利益和个体利益的冲突会导致供应链节点企业之间的信任关系面临一定的风险；最后，机会主义和道德沦丧极有可能会使信任被另一方劫持或利用，而信任的负面传染性通常会导致另一方迅速降低对肇事方的信任度，这种负面影响也会蔓延至链中其他成员企业并因此形成"雪球效应"，进而导致整个供应链信任关系的轰塌。

2.2　基础理论简介

2.2.1　供应链管理理论

供应链管理思想来源于早期的"经济链""价值链"等管理思想，其重要区别在于供应链管理引入了新型协同竞争思想、系统观念及战略竞争力理念。近年来，随着社会和经济形势的不断变化，供应链管理出现了新的发展方向。例如注重环境、资源及效率的均衡协调与绿色制造的绿色供应链管理，强调共同战略目标的供应链战略联盟以及供应链管理的全球化、信息化和需求化等管理思想。总的来看，对供应链管理思想的理论诠释可从三个角度来理解：一是基于经济学视角对链中企业交易成本的研究，二是从管理学视角对链中成员的资源互补性研究，三是从社会学及社会经济学领域对供应链网络组织关系的研究。尽管这三大理论在各自领域已被广泛应用并衍生出诸多研究流派，但厘清供应链管理的理论基础并形成一定的理论框架将有助于为揭示供应链的运作机制提供一个较好的研究平台。

2.2.1.1 交易成本理论

在市场经济中，交易成本与交易环境具有密切的相关性。1937 年科斯在“论企业的性质”一文中提出交易成本理论，认为交易过程中的信息搜集、商务谈判等活动都会产生交易费用（即交易成本）。在科斯交易成本理论的基础上，威廉姆森进一步将交易费用细分为事前交易费用和事后交易费用，前者主要包括签约、谈判、保障契约等成本；后者包括适应性成本、讨价还价成本、建构与营运成本、约束成本等，并认为影响交易成本的主要因素是有限理性和机会主义。交易成本理论认为，有限理性和机会主义行为会造成交易的困难、在交易中处于不利的地位甚至交易失败。其中导致机会主义出现的因素主要有三个变量，即资产专用性（Asset Specificity）、不确定性（Uncertainty）和交易的频率（Frequency of Transaction）。

供应链管理是介于以价格调控为核心的市场治理和以成本管理为核心的内部治理二者之间的一种治理模式，该模式的产生、存在和发展是企业旨在降低交易成本的结果，且交易成本的大小在一定程度上决定了供应链的规模大小和构建模式。因此，提高供应链管理的效率，首要任务是加强链上伙伴机会主义行为的预控，采用合理的技术手段或方法来管控链上资产的专用性和不确定性，例如发挥农产品供应链中保险和期货的基本职能以抑制道德风险，适当地提高合作伙伴投入资产的专用性以增加其沉没成本，积极加强链上伙伴的信息共享以及合作契约的完备性以减少不确定性，从而降低其机会主义行为倾向、稳定供应链合作关系。

2.2.1.2 资源基础理论

管理学理论将企业视为一个资源集合体，企业资源是指受企业控制的并有助于企业战略规划的一切有形、无形的、可流动的、难以复制的、异质的资产、能力、组织流程、信息、知识等，企业正是通过合理配置这些基础资源来获得竞争优势。出于基础资源对企业战略规划的贡献，企业基础资源可分为实物资本资源、人力资本资源及组织资本资源三个类别。实物资本资源包括企业所采用的技术、工厂及装备、地理位置和对原材料的获取等；人力资本资源包括企业的战略规划者以及企业员工的经验、教育、判断能力、智力水平、关系及远见卓识等；而组织资本资源包括企业的组织结构、正式的或非正式的计划、控制和协调的系统、企业各部门的非正式关系，以及企业与商业环境中其他组织的各种关系。

资源基础理论认为，只有当企业资源具备有价值性、稀缺性、难以复制性及难以替代性时，企业才因此具有特别的竞争优势。当这种竞争优势受到模仿壁垒的保护，就有可能成为可持续发展的、动态的竞争优势。即随着商业环境的变化，对一个企业来说曾经的资源劣势也可能变为将来的资源优势，反之亦然。

供应链管理是在战略层面目标一致的前提下，将链条中各企业的核心资源进行重新甄别、整合及平衡，使企业在供应链范围内而不是单个企业内部进行资源配置，从而使企业因资源优势所具有的个体竞争力转变为具有结构上更为复杂的、难以模仿和替代的、可持续的、动态的供应链整体竞争力。

2.2.1.3　网络组织理论

现代组织理论是从20世纪60年代创立并逐步发展起来的，其主要代表人物有巴纳德、西蒙、钱德勒等。其中，巴纳德在组织管理理论方面的开创性研究，奠定了现代组织理论的基础。其后许多学者如德鲁克、明茨伯格、西蒙等继承了巴纳德的主要思想且在不同方向上进一步发展了现代组织理论。现代组织理论以层级结构为基础，汲取了社会学中关于群体的观点，将组织视为与社会因素具有一定联系的一个开放系统。另外，现代组织理论将行为科学也引入组织设计中，强调人是组织设计和运作的主体，主张从社会学和心理学角度研究组织的行为特点和规律。最后，现代组织理论认为不存在某种普适的组织设计模式，提出组织结构的主要权变因素来自于企业的商业环境、技术力量、人力资源、规模尺寸以及发展战略等。

网络组织理论借用了计算机和生物学的概念，扩大了传统意义上的组织概念，是一种知识经济时代下基于信息技术、企业战略发展需要的动态的、边界模糊的新型组织模式。企业网络组织通过企业间契约关系或非契约关系以竞争合作方式而存在，是企业间经济活动的一种非制度性安排。网络组织中的企业依靠长期合作积累的认同感和信任感，逐步形成一体化的“准组织”形式。

供应链管理的核心内容是链上组织成员之间关系的协调与管理。在管理维度上，供应链管理包括产品维度和关系维度，前者包括物料管理、资金流管理和信息流管理；后者主要侧重于成员间互动关系的管理。事实上，二者相互依存，相互促进。产品维度管理依赖于关系维度的管理，关系维度管理以产品维度管理为载体并通过认同感和信任感提高产品维度的管理效率。在供应链的关系管理过程中，信任关系是其中极为重要的互动关系，这种关系并非与生俱来或一蹴而就，而是一个逐步累积的构筑过程，包括信任关系的形成、发展及维护三个阶段。在信任机制的构筑过程中，激励机制与约束机制的合理安排极为关键。激励约束机制的制度安排是一种组织行为，需要供应链核心主体进行相应的组织设计、规则制定、协调运作及争端解决。

2.2.2 供应链协同理论

协同论亦称协同学，是德国学者哈肯（Hermann Haken）于 1971 年首先提出的并于 1976 年系统阐述的，在系统论、信息论、控制论、突变论等学科基础上研究系统的混沌无序状态向稳定有序结构转化的机理和条件的学科，主要探讨远离平衡态的开放系统在与外界进行物质能量交换的情况下，如何通过内部协同作用，自发地呈现时间、空间和功能上的有序结构。

2.2.2.1 供应链协同理论的主要思想和内容

协同论认为，现实世界存在着各种各样的系统，看似千差万别，毫无关联，但从更高的层次或视角来看，这些系统并非孤立地存在，无论是社会系统或自然系统，生命系统或非生命系统，宏观系统或微观系统等，都在某种程度上或某个方面存在深刻的相似性，各系统间相互影响、相互合作。协同论指出，系统是大量子系统的矛盾统一体，在一定物资或能量交换条件下，子系统会相互作用和相互协作，系统在这种外界信息能量的作用下会从无序变为有序，从旧结构转变为新结构。应用协同论方法，可以根据系统从混沌无序状态到稳定有序结构的变化规律，找出系统变化的影响因素，进而进一步发挥系统内子系统间的协同作用。

协同理论的主要内容包括协同效应、伺服原理和自组织原理。协同效应是指在复杂开放的系统中，大量子系统通过与外部系统进行物资或能量交换、相互作用而产生的整体效应或集体效应。伺服原理又称支配原理或使役原理，是指快驰豫变量（快变量）服从慢驰豫变量（慢变量）、序参量支配子系统行为，它是系统内部稳定因素和不稳定因素相互作用下的自组织过程。伺服原理规定了临界点上系统的简化原则，即改变系统的控制参量，系统在接近不稳定点或临界点时，系统的动力学和突现结构通常由少数几个慢变量或序参量决定，而系统其他变量的行为则由这些慢变量或序参量支配或规定，序参量统治或支配着整个系统。自组织理论是指复杂系统在一定条件下如何自动地由低级无序走向高级有序的机制和过程。自组织原理解释了在一定的外部输入条件下，系统通过子系统之间的协同作用而形成新的时间、空间或功能的有序结构。

2.2.2.2　基于协同理论的供应链协同管理

基于协同理论的供应链协同管理是以实现供应链的交互式协同运作为根本目标，以供应链动态构成主体为组织对象，实施供应链资源网络整合的一种组织管理形式。具体来说供应链协同管理具有以下四个方面的作用。

第一，快速响应客户需求，提升企业竞争力。随着市场全球化及顾客不确定性需求的不断提高，市场竞争已经从传统的企业之间转变为供应链之间，从成本领先竞争转为时间领先的竞争，快速响应客户需求已成为供应链竞争的焦点之一。快速响应的核心思想压缩提供产品和服务的实际时间，这要求链上企业能顺畅准确合理地进行物资能量信息的交流，通过协同效应使混沌低效的供应链系统能够快速准确地转向稳定有序状态，最终快速响应客户需求，提升客户的满意度。

第二，提高预测精度，降低不确定性。“不确定性”是供应链管理中主要难题之一。在供应链管理中，“不确定性”主要来源于供应商、生产者、消费者及环境的不确定。为了这些不确定性，供应链系统需要加强子系统企业之间物资、资金及信息的协同和处理，提高供应链在供应、生产与销售方面的预测精度，以降低供应链的安全库存，减少甚至消除“不准确性”给供应链带来的困难或损失。

第三，提升管理水平，加快异常事件处理速度。供应链管理涉及链中众多的子系统如企业和消费者，其中核心企业在供应链管理中起主要的领导和中坚作用。在供应链管理中，核心企业必须具有战略眼光，其应在着眼供应链整体的基础上与其他子系统企业进行充分的交流与协作，并合理高效运用链上资源，以使供应链的状态从无序转换为有序，进而提升供应链管理水平和整体效益。

第四，整合资源，降低产品研发难度。产品创新是企业的基本市场行为，是以市场需求为出发点的、旨在提高企业市场竞争力的系统工程。在产品创新过程中，面对日益激烈的市场竞争和消费者需求个性化的不断增强，产品研发的难度越来越大，涉及的学科也越来越多，如何战略性地进行产品创新开发是供应链企业面临的重要问题。协同理论可以有效地促进链上资源的整合和配置，使各子系统能够扬长避短，协调同步，从而提高产品研发效率，降低研发成本。

2.2.3 灰博弈理论

灰博弈是灰色系统理论和博弈理论的有机结合，是博弈各方决策信息偏属灰色时柔性解决经典博弈理论“刚性缺陷”的理论基础和方法拓展。

灰色系统理论是邓聚龙教授于 20 世纪 80 年代初创立的一门新兴的横断学科，经过四十年的发展，已经成为社会、经济、科教、技术等众多领域进行预测、评估、规划、控制、决策、系统分析与建模的重要方法之一。特别是对时间序列短、统计数据少、信息不完全系统的建模与分析具有独特的作用。在控制论中，灰色系统表示部分信息已知、部分信息未知的系统，通常用灰数、灰色方程、灰色矩阵等来描述。在一定的条件下，灰数可以进行类似白数的数学运算。

从博弈论的发展过程来看，博弈理论是在回答社会实践向其提出的一个个问题的同时，也使其自身不断地走向完善。博弈理论所解决的问题主要涉及完全信息静态、完全信息动态、不完全信息静态、不完全信息动态，基于有限理性的实验博弈和进化博弈等问题。然而，现实世界除了不完全信息和有限理性等之外，还有未来的不确定性、有限知识（或称有限信息、贫信息等）等许多问题，其决策集偏属灰色集合或模糊集合。基于模糊集理论的模糊博弈是 1965 年由札德（L.A. Zadeh）提出的，它是经典集合论的拓展。相比于决策白数属性的经典博弈理论，模糊集博弈理论无论是策略集还是收益集，其边界都是模糊的或灰色的。模糊集理论通过隶属函数准确地刻画了现实问题中的不确定现象，为处理不确定现象提供了一个有力的工具。

基于行为主体认识能力、知识水平和时间等多种因素的限制，有限知识（灰信息）是普遍存在的。也就是说，行为主体的决策环境是“灰”的而不是“白”的。由此推断，博弈理论中所涉及的许多问题严格来讲几乎都是灰的，然而，经典博弈理论以严格的假设将这些现实中的灰系统简化为白系统进行处理，这必然导致了博弈论的预测对现实的指导产生偏离。灰系统理论为处理博弈论中的有限理性和有限知识等问题提供了思想基础和方法手段，将灰色系统理论与博弈理论相结合，将博弈灰数化和灰数白数化，创建与设计灰矩阵、灰双矩阵和灰进化博弈理论的框架（体系），有利于更加切合现实地柔性解决经典博弈理论的“刚性缺陷”。

第3章
农产品供应链协同的现实需求分析

供应链管理中信息流动不确定性的大小体现了供应链的运作效率，而供应链运作模式又会影响供应链中信息的运行。本章在简要分析我国农产品几种主要供应链运作模式的基础上，采用 SFA 模型对我国农产品的物流效率进行了分区讨论，运用信息熵理论，从信息流动的及时性、准确性和成本角度对几种典型的供应链运作模式进行了比较和评价，并借此构建农产品供应链的协同价值比较模型，进行基于现实需求的供应链运作模式的优选。因此，比较、评价及优选合适的农产品供应链，整合和协同其运作流程尤其是上游流程，对联结农民和市场、提高农民收入、稳定农产品供求具有一定的理论意义和充分的现实需求。

3.1 我国农产品供应链的基本运行模式

随着经济和社会的快速发展，产品或企业之间的经济竞争已转化为其各自所在的供应链之间的竞争。在我国农产品供应链的形成过程中，核心组织是在供应链中发挥重要作用的关键环节，其他上下游经营组织围绕核心组织依职能的不同而形成功能网链结构，进而构成具有典型特征的农产品供应链。而农产品供应链也依据核心组织的类型及在供应链中所处地位的不同，呈现出不同的运作模式。

3.1.1 以农产品批发市场为核心组织的农产品供应链

以农产品批发市场为组织核心的农产品供应链，是我国传统的农产品供应链组织结构模式（图 3-1），在我国的农产品流通形式中占主导地位，其参与者主要是农产品生产者、中介组织和零售商等。农产品批发市场是特定历史条件下我国农村经济发展在集市贸易基础上建立起来的为农产品经营组织提供多向交流一个交易平台。根据批发市场在链中所处位置的不同，又可将其分为销地批发市场和产地批发市场。在我国大陆，比较有影响的销地批发市场有北京的新发地、大钟寺、岳各庄等批发市场，山东寿光批发市场，深圳布吉批发市场等，而烟台苹果批发市场则属于产地批发市场。

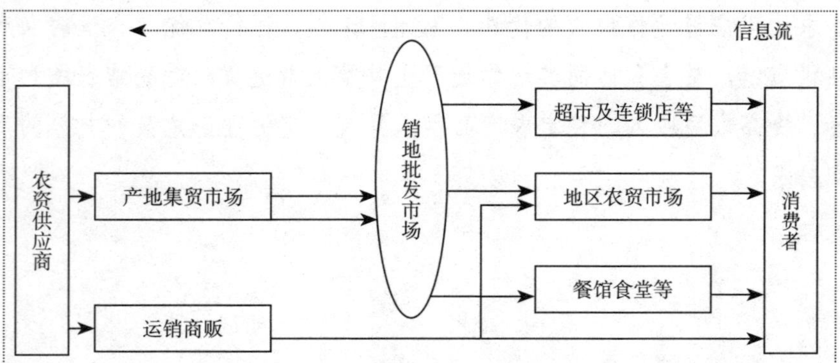

图3-1 我国以农产品批发市场为核心的农产品供应链结构模型图

3.1.2　以农产品加工企业为核心组织的农产品供应链

以农产品加工企业为核心组织的供应链结构模式也就是近年来各地区积极提倡和推广的“公司＋农户”模式（图3-2）。该模式经过多年的理论探索和现实实践已相对较为成熟，并成为我国农业产业化经营的核心模式。在该模式中，农产品加工企业是供应链的主导力量和稳定运行的基础。农产品加工企业一方面为链中上游组织如农户、基地提供资金、技术及生产资料等方面的契约性支持；另一方面与分销渠道直接链接，为链中下游组织减少了中间环节，降低了经营成本。

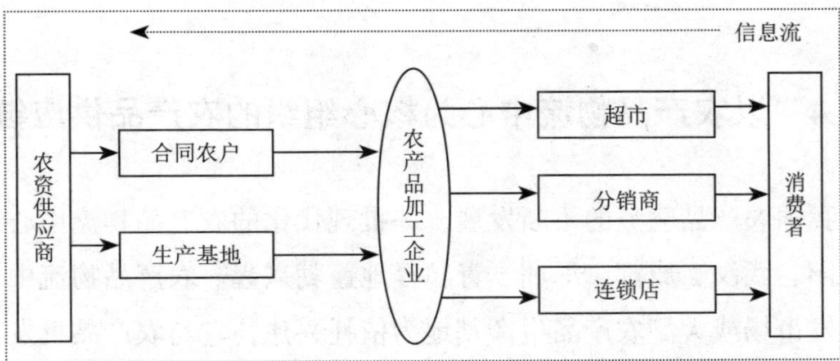

图3-2　以农产品加工企业为核心的农产品供应链结构模型图

3.1.3　以零售企业为核心组织的农产品供应链

20世纪80年代以来，流通产业发生了革命化的变化，主要表现为产业链的核心主导权逐渐由生产商向零售商转移，供应链运营的核心主导也从制造商逐渐转向于大型零售商。与此相应，一种新型的农产品供应链运作模式随之形成。农产品通过零散农户或合同农户生产出来，再经由批发市场或者各级加工商，最终到达销售终端，形成一条以大型零售商为核心主导的新型农产品供应链（图3-3）。在该供应链运作模式中，处于核心地位的大型零售企业主要指参与农产品经营的大型连锁超市，如家乐福、沃尔玛、华润万家等，其经营的农产品种类以产成品和初级农产品为主，大型零售企业通常与链中上游组织之间有着相对严格的合作契约。

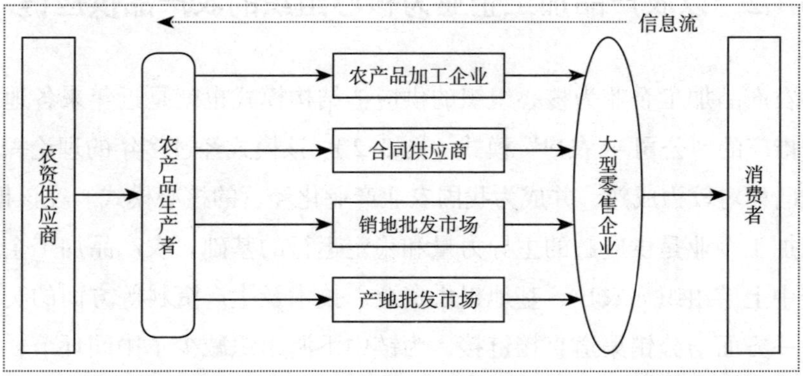

图3-3 以大型零售企业为核心的农产品供应链结构模型图

3.1.4 以农产品物流中心为核心组织的农产品供应链

随着我国农产品物流的不断发展，一批现代化的农产品物流中心正在全国各地如沈阳、武汉、成都、深圳、青岛等地蓬勃兴起。农产品物流中心一般以农产品批发市场或大型农产品生产基地为依托兴建，它与农产品批发市场相辅相成，又与农产品批发市场存在本质的差别。以物流中心为核心的农产品供应链主要由以下几个部分组成：农产品物流中心、农产品生产者（农户和农村经济合作社等）、农资供应商、农民经纪人、农产品初加工企业，分销商、深加工企业、终端消费者等组成（图 3-4）。

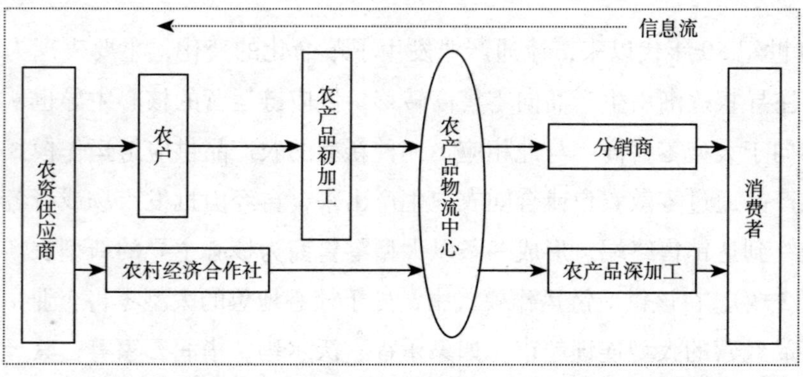

图3-4 以农产品物流中心为核心的农产品供应链结构模型图

3.2 我国农产品物流效率的估测与分析

提高我国农产品物流技术效率是一个庞大的综合工程，地区发展的战略布局、产业发展的结构调整方向，以及物流核心过程中人员、物资、资金与信息的流动配置等都规定和制约着农产品物流的效率。本节以我国2000～2011年30个省、自治区、直辖市为研究对象，对我国农产品物流效率从研究方向和研究方法两个方向进行拓展尝试，从全国和地区视角对农产品物流效率进行测度，为农产品供应链的协同需求在效率维度上提供实证支持。

3.2.1 理论分析与研究设计

在经典经济学中，生产函数表示在一定时期内、一定的技术条件下、生产中要素投入的数量与最大产出之间的关系。在这里，生产函数隐含着技术条件不随时间变化且产出只与要素投入的数量或比例有关系。然而在现实经济中，当用一种生产函数来模拟或估计某种投入产出关系时，很难满足技术条件不变，也很难满足产出只受要素投入的数量或比例的影响。事实上，大多数情况下，我们不能明确确定某种产出的所有投入要素（基于研究目的有时也不必要），也不能完全忽略外界扰动的影响。因此，当我们用模型来拟合现实经济中的某种投入产出关系时，引入随机误差项甚至是隐变量项，对获得模型无偏估计量和参数的准确解释意义具有重大的现实和经济意义，尤其是在进行面板数据模型的推断估计时更是如此。

面板数据分析综合了时间序列数据分析和横截面数据分析的特点，但绝不是二者的简单加成。[1]面板数据模型最主要的贡献是隐变量的处理及因果关系的估计推断，在面板数据模型中，随时间不变的代表个体永久特征的个体效应

[1] 相比于时间序列数据分析或横截面数据分析，面板数据分析能够有效控制数据中的个体异质性，可以提供更多的信息、变化、自由度及效率，同时极大削减时间序列数据极易产生的多重共线性。

与随时间变化代表个体暂时影响的异质性力量等遗漏性问题，一定条件下均可以得到有效地处理，在模型推断中获得一致估计量。在实际应用中，面板数据模型主要分为三类，分别是混合回归模型、随机效应模型和固定效应模型。混合回归模型假定解释变量对被解释变量的影响与个体无关，这种假定在现实中很难成立因而混合回归模型应用并不广泛。对于随机效应模型和固定效应模型，通常可以表述为：

$$y_{it}=\gamma_i+\beta x_{it}^{'}+u_{it} \tag{3.1}$$

其中，无论对 i 或 t 而言，u_{it} 均独立同分布；y_{it} 为被解释向量，$x_{it}^{'}$ 为解释向量，β 表示未知参数向量，γ_i 为隐变量，表示观测不到的遗漏或扰动。随机效应模型和固定效应模型的选择可通过 γ_i 与 x_{it} 的关系来判断：当 γ_i 与观测到的 x_{it} 相关时，式（3.1）为固定效应模型；当 γ_i 与观测到的 x_{it} 相互独立时，式（3.1）为随机效应模型。对于面板模型的估计，严格的 OLS 标准假定是误差项组内独立同方差，残差项组间独立同方差。如果不能满足这些假定，也可以用广义最小二乘法（GLS）进行模型估计。

面板模型分析中一个代表性的重要扩展是随机前沿分析（SFA）。随机前沿分析主要应用于分析生产函数或成本函数中的无效率问题。SFA 由艾格纳、洛夫尔和施密特（1977）以及穆森和布勒克（1977）等提出，后经巴蒂斯和科埃利（1988）等不断得到完善[1]。SFA 方法考虑了由于测量误差和函数设定偏离所带来的统计噪声对效率测度的影响，并开拓性地通过引入非随机变量的形式来直接考虑外生性环境因素对个体技术效率影响的差异，是对无效率问题模型进行有效估计的一个重要改进。随机前沿生产函数模型的一般形式可以表示为：

$$\ln q_{it}=\beta_0+\beta x_{it}^{'}+v_{it}-u_{it} \tag{3.2}$$

其中，q_{it} 表示决策单元 i 在 t 时期的实际产出 x_{it} 表示一组投入向量，β 表示未知参数向量；$i=(1,\ 2\cdots N)$，$t=(1,\ 2\cdots T)$；$v_{it}-u_{it}$ 为复合误差项，v_{it} 与 u_{it} 相互独立，其中随机误差 v_{it} 可正可负，表示统计误差、经济波动等不可抗力的随机扰动因素，且 $v_{it}\sim$ i.i.d $N(0,\ \sigma_v^2)$；$u_{it}\geqslant 0$ 是技术无效率项，表示外界个体影响的冲击，且 $u_{it}\sim N^+(z_{it},\sigma_u^2)$，其中 $z_{it}=\delta_0+\delta_i w_{it}$，$\delta_0$ 为常数项，

[1] 详见巴蒂斯和科埃利等合著《效率与生产率分析引论》（第二版）第9章　随机前沿分析。

w_{it} 为外生环境变量，δ_i 为待估外生环境变量的系数。

从式（3.2）可知，exp（$\beta_0+\beta x_{it}^{'}$）为随机前沿生产函数的确定前沿，表示给定一组投入下能够获得的最大产出，exp（v_{it}）表示统计噪声，exp（$-u_{it}$）则代表技术无效性。噪声影响和无效效应之和的正负导致了实际产出在确定前沿的上下浮动，故可定义技术效率为实际产出与随机前沿面产出的比值，即：

$$TE_{it}=\frac{q_{it}}{\exp\left(\beta_0+\beta x_{it}^{'}+v_{it}\right)}=\exp(-u_{it}) \tag{3.3}$$

显然，当 $u_{it}=0$ 时，$TE_{it}=1$，此时实际产出位于随机前沿面上，技术完全有效；当 $u_{it}>0$ 时，$TE_{it}<1$，此时决策单元位于随机前沿面下方，技术无效，即产出受到统计噪声和外生环境因素的影响，技术无效项的引入是合理且必需的。

3.2.2　数据与变量

3.2.2.1　数据来源与处理

模型采用基础数据主要来源于 2000 ～ 2012 年《中国统计年鉴》及《中国物流年鉴》。考虑到数据的可用性，面板数据为剔除了西藏的其他 30 个省市地区的 12 年数据。[1]

样本数据中涉及的固定资产投资、生产总值及出口值均进行了相应的处理。其中，固定资产投资用各省市对应年份的价格指数剔除了价格影响，其存量的估算则采用了国内学者惯常使用的永续盘存法[2]。考虑到资产重估的现实困难，重置率采用统一的固定资产折旧率来代替并设定为 9.6%。地区生产总值也采用相应的价格指数进行了不变价处理。基础数据的描述性统计见表 3-1。

---

[1] 西藏地区的早期部分数据存在缺失，而近年数据在很多指标上则停止了数据汇编。

[2] 参考霍尔和琼斯（1999）对资本存量的估算方法，基年固定资本存量采用 2000 年的固定投资比上 2000 年至 2011 年固定投资增长的几何平均数加上折旧率后的比值。

表3-1 统计数据的特征描述

Area	Variable	Observation	mean	Standard error	minimum	maximum
EA	$\ln Y$	144	7.7245	0.9287	5.1747	9.3212
	$\ln K$	144	7.1215	0.8412	5.2203	8.8032
	$\ln L$	144	4.6951	0.6702	2.8243	5.7654
	$\ln DLR$	144	2.4227	0.4546	1.3896	3.2403
	$\ln SE$	144	−1.1982	0.3172	−2.0485	−0.5242
	$\ln ISA$	144	−0.8870	0.1810	−1.1617	−0.2735
	$\ln IS$	144	2.0783	0.3892	0.7772	2.7947
CA	$\ln Y$	108	7.1436	0.6381	5.4495	8.3732
	$\ln K$	108	6.8834	0.6617	5.5495	8.0936
	$\ln L$	108	4.8193	0.3181	4.1364	5.3587
	$\ln DLR$	108	1.8593	0.2096	1.4870	2.2615
	$\ln SE$	108	−3.0841	0.5952	−4.0751	−0.9336
	$\ln ISA$	108	−1.0355	0.1079	−1.2942	−0.8379
	$\ln IS$	108	1.7936	0.4461	0.5790	2.4853
WA	$\ln Y$	108	6.3082	0.6930	4.7576	7.4898
	$\ln K$	108	6.4286	0.8428	4.4042	8.3916
	$\ln L$	108	3.9083	0.7016	2.6161	4.8890
	$\ln DLR$	108	1.6631	0.2881	0.8817	2.2344
	$\ln SE$	108	−2.8846	0.6249	−3.5735	−0.6889
	$\ln ISA$	108	−0.9853	0.0954	−1.2377	−0.7178
	$\ln IS$	108	1.9971	0.3492	0.8732	2.5183

注：EA，CA，WA 分别代表东部地区、中部地区和西部地区；原始数据来源于 2000—2012 年《中国统计年鉴》。

3.2.2.2　模型的变量设定

（1）投入与产出变量。基于生产函数的一般设定原则，本文选择固定资本存量（K）和人力资本（L）作为其投入变量。限于无法获得直接的农产品物流固定资本投入数据且考虑到交通运输仓储产业的增加值通常占到物流产业增加值 80% 以上，本文拟将农产品物流中的固定资本存量投入用《中国统计年鉴》中的交通运输仓储与邮政业固定资产投资存量来等替。人力资源投入则综合考虑从业人员的基本质素与能力，采用《中国统计年鉴》中交通运输通信业从业人数（剔除了管道运输、城市公共交通及邮电通信业从业人数）和受教育程度的加权乘积（假定各地区交通运输通信业从业人员和各地区人口的各学历层次的比例相同）；生产函数的产出变量采用农产品物流周转量（Y）。对于农产品物流周转量，国内大多数文献采用："农村家庭平均每人生产主要农产品数量"乘以"各地区农村人口"再乘以"各地区货物运输平均距离"来表征。考虑到我国农业发展早已转向市场，农产品的消费需求决定其供给与流动，而且农村居民的农产品消费主要源于就地自给，本文将农产品物流周转量具体取值为"各地区城镇居民家庭平均每人出消费主要农产品数量"乘以"各地区城镇人口数"再乘以"各地区货物运输平均距离"。

（2）外生性环境变量。在市场经济时代，生产的外部环境是不断变化的动态环境。为了得到模型的无偏估计和准确地解释投入变量对产出的影响，有必要考虑生产主要是在什么样的外在环境下进行的，哪些外生性环境因素会对生产产生比较显著的影响。一般而言，外在环境因素通常包括随机性的环境因素和非随机性的环境因素，前者表现为一些不可抗力现象如干旱、洪涝、雪灾等，相关的研究一般纳入风险与灾害保险研究的范畴，在模型中通常由随机误差项来表现；后者主要表现为社会发展所在的政治、经济、法律、文化等现实环境，它既可以是宏观层次因素如国家性质等，也可以是中观层次因素如产业结构环境与贸易环境等，还可以是微观层次因素如石油价格的波动等。出于研究的目的和我国农产品物流产业发展的基本环境，本研究仅考虑以下指标作为 SFA 模型的非随机性环境因素：

①地区发展水平（development level of region，DLR）。地区发展水平是一个综合指标，反映了该地区经济发展的规模、速度及其质量。对一个地区经济

发展的水平，通常可从其规模或速度方面来进行衡量，其最常用指标的是“人均 GDP ”或“GDP 年增长率”。对农产品物流而言，地区发展水平一方面在一定程度上能反映地区物流固定投资的能力和人力资本的质量，另一方面也暗含着其对农产品需求水平与供给能力的地区差异。借此本文采用地区人均 GDP 来表现地区发展水平。

②制度环境（system environment，SE）。诺斯认为，制度是经济增长的关键，是影响效率的核心因素，合理的制度安排可以引致资源配置的改善和要素效率的提高。在我国，所有制改革是最根本、最核心的制度变迁，产权结构的差异是影响地区经济活力、引致竞争条件下企业绩效差距的主要原因，也是各地区农产品物流的直接运营环境。本文用各地区国有经济在全社会固定资产投资中所占比重（国有率）来表征制度因素，以反映地区政府对当地经济的干预水平或私有经济的活跃程度。

③产业结构调整（industry structure adjustment，ISA）。产业结构调整表现为产业之间的数量比例关系、经济技术联系和相互作用关系趋向协调平衡的过程，这种协调平衡的过程动态地表现为投入要素因其边际生产率的差异在各产业间的流动，是制度设计驱动和产业生态逐利性调整综合作用的结果。产业结构调整会引致资源配置流向的改变，对物流业本身及其运营环境均会产生一定的影响，故在此采用各地区第三产业增加值在各地区生产总值中的比重来表示。

3.2.3 实证研究与分析

基于 2000—2011 年面板数据和 FRONTIER4.1 程序，由式（3.2）对我国东部、中部与西部地区分别进行最大似然估计。表 3-2 给出了生产函数及无效效应方程的变量系数的估计值、t 统计值。贝蒂斯和科埃利（1995）曾证明，判断无效效应是否存在的 LR 检验统计量渐进服从混合 x^2 分布。在截断正态模型的假定下，模型估计中无论东部、中部与西部各地区的 LR 值都远大于临界 $x^2_{0.95}(9)$ =11.0705，因此随机前沿生产函数模型应该拒绝没有无效效应的零假设，即模型存在无效效应的影响。各地区的随机前沿生产函数模型估计的 γ 值均不低于 0.70，表明随机前沿生产模型的合成误差项变异主要来自技术效率的无效性部分，故此说明随机前沿生产函数模型的假设是合理的，引入无效效应也是必需的。从表 3-2 的第三部分可知无效效应方程的 R^2 均大于 0.99，DW 值在 2 左右徘徊以及 F 值极为显著，这意味着不仅模型的无效效应存在，而且引入的宏观环境变量能够显著地解释模型的无效效应。最后从各地区生产前沿模型参数的 t 值的统计显著性来看，只有极少数变量的 t 值显示为不显著，说明本文对模型变量的预设基本合适，由此所得的各地区技术效率具有高可信度。

基于表 3-2，从资本及其交互项的系数综合来看，全国农产品物流资本投入的规模效应处于递增状态，表明就全国农产品物流效率水平而言，资本投入尚处于不饱和状态，这种状态也同样呈现在中部地区和西部地区，其中以西部地区表现得更为突出，这反映了中西部地区资本的相对稀缺及利用效率的低下。结合人力资源及其交互项的系数情况，可以看出东部地区主要以资本来代替人力资源的投入，而中西部地区则充分利用其人力资源优势，以弥补其资本投入的不足。

从时间项的系数来看，全国及各地区时间 t 均显著，表明观测期内全国及各地区农产品物流效率都存在一定技术进步。具体而言，全国的技术进步最小，其他顺次为中部、西部和东部；时间 t 与 $\ln K$ 及 $\ln L$ 的交互项均极为显著，说明 $\ln K$ 及 $\ln L$ 在观测期内对农产品物流效率的影响与时间相关；观测期内二次时间变量的系数除西部地区以外均显著（在 5% 水平上），表明全国及中东部地区农产品物流的技术变化增长率呈下降趋势，这种情况反映了全国及各地区农产品物流中要素投入的不平衡性，中部地区要素投入的平衡性相对最好，但投入的绝对值稍显不足，反映在技术效率的平均值上，则是东部地区略高于中部地区。时间与资本及人力资源的交互项系数一负一正，表明就充沛的人力资源而言，中西部地区的资本仍然是相对稀缺的。

表3-2　模型的估计结果

Variable		Country wide	Eastern areas	Central areas	Western areas
Frontier	C	−0.1878 ※	−0.2594 ※※※	0.9076 ※※※	−0.9047 ※※※
Production	ln$K$	0.4097 ※※※	0.3252 ※※※	0.5801 ※※※	0.4651 ※※※
	ln$L$	−0.1095 ※	−0.0330 ○	−0.2899 ※※※	0.1055 ※
	(ln$K$)^2	−0.1972 ※※※	−0.2030 ※※※	−0.1886 ※※※	−0.1462 ※※※
	(ln$L$)^2	−0.2044 ※※※	−0.2656 ※※※	0.1502 ※※※	−0.1445 ※※※
	ln$K$*ln$L$	0.3564 ※※※	0.4025 ※※※	0.7435 ※※※	0.1782 ※※
Function	t* ln$K$	0.2560 ※※※	0.2156 ※※※	0.2539 ※※※	0.1463 ※※※
	t* ln$L$	−0.2302 ※※※	−0.2001 ※※※	−0.5149 ※※※	−0.0340 ※※※
	t	−0.4746 ※※	−0.3266 ※	−0.8987 ※※※	−0.5973 ※※※
	t^2	−0.0373 ※※※	−0.0166 ※※	−0.0348 ※※	−0.0121 ○
Invalid Function	C	0.3465 ○	0.5125 ※※※	−0.1074 ※※※	−0.4529 ○
	DLR	−0.5110 ※※※	−0.1355 ※※※	0.5936 ※	0.7794 ※※※
	SE	−0.1834 ※※※	−0.1125 ※※※	0.3235 ※※	0.0153 ※
	ISA	0.2554 ※	0.3235 ※※※	−0.9511 ※	0.2452 ※
T−test Value	σ2	0.2881 ※※※	0.2477 ※※※	0.4960 ※※※	0.0606 ※※※
	γ	0.7257 ※	0.7411 ※	0.9999 ※※※	0.9999 ※※※
	LR	113.7897 ※※※	49.2797 ※※※	28.8065 ※※※	36.8764 ※※※

Notice：figures in the table are t-test value，marks ※※※，※※，※ show significance level at 1%，5%，10% respectively.

从表 3-3 可以看出，2000 ～ 2011 年全国农产品物流的平均技术效率为 0.4844，增长趋势仅约为 0.0244，表明我国农产品物流的技术效率尚处于较低水平且增长缓慢，与我国近十年均 10.7% 的经济增长速度相比严重滞后。而在十年来农产品产量年复合增长 3% 的情况下其价格却以年复合增长 8.5% 的速度上涨，尽管部分原因在于城镇化引致的人口消费结构的变化，但低水平的农产品物流效率也难辞其咎，某种程度上也是农产品供需结构性失衡的重要原因。

从地区分布来看，东部地区农产品物流的平均技术效率最高，为 0.7068，中部地区次之为 0.6196，而西部地区最低，其平均技术效率仅为 0.5548，这种排列顺序体现了我国当前经济发展水平的整体格局，即东部地区无论是固定资本投资存量均值还是人力资本投入均值都分别高于中西部地区（表 3-1），这种情况也契合了经济发展水平相对较高的地区对资本和人力的利用效率较高，基础设施的发展相对完善，而资本和人力的稀缺或利用不善通常也是制约经济发展水平较低地区发展速度的重要因素之一。

结合上述分析可知：相对于中西部地区而言，东部地区农产品物流资本和劳动的投入数量和配比更为充盈与合理，作为其运营基础和环境的信息服务投入的作用能得到快速而充分的发挥；而在中西部地区，物流人力资本相对丰富，物流固定资本则相对稀缺，基于经济学基础原理，固定资本相对人力资本其边际报酬率会更高。尽管提高中西部地区农产品物流效率需要合理地配置固定资产和人力资本的投入比例，但就提高中西部农产品物流效率而言，中部地区相对需要更多地投入人力资本，西部地区则需要投入更多的固定资本。从中部地区和西部地区的比较来看，中西部地区固定资产对农产品物流效率的促进作用区别不大，但人力资本投入对农产品物流效率的提升作用西部地区显著高于中部地区。

表3-3　2000～2011年中国农产品物流技术效率估测结果

Area		2000	2001	2002	2003	2004	2005	2006	2007	2008	2009	2010	2011
EA	BJ	0.8123	0.6066	0.9835	0.9786	0.9808	0.3425	0.2670	0.3359	0.3333	0.3044	0.2325	0.1910
	TJ	0.9559	0.8672	0.9587	0.9811	0.9828	0.9824	0.9747	0.9819	0.9879	0.9486	0.8831	0.9114
	HB	0.9576	0.9202	0.7551	0.7915	0.9170	0.8674	0.7199	0.6120	0.6099	0.5703	0.5763	0.5508
	LN	0.9733	0.9506	0.8332	0.6952	0.5751	0.6643	0.6949	0.8137	0.9179	0.5867	0.6585	0.7537

续表

Area		2000	2001	2002	2003	2004	2005	2006	2007	2008	2009	2010	2011
EA	SH	0.9837	0.9745	0.9759	0.9822	0.9833	0.9712	0.9617	0.9666	0.9768	0.9234	0.9495	0.6864
	JS	0.9787	0.9740	0.9673	0.9676	0.9554	0.9314	0.7691	0.5940	0.5841	0.5631	0.4861	0.5007
	ZJ	0.9731	0.9514	0.9149	0.9215	0.9237	0.8503	0.7786	0.6941	0.6810	0.6150	0.5950	0.6252
	FJ	0.8706	0.8764	0.7152	0.6977	0.6637	0.8176	0.7702	0.7868	0.8661	0.7691	0.8963	0.8233
	SD	0.9711	0.9515	0.7813	0.8042	0.8793	0.7632	0.6434	0.5133	0.6148	0.5409	0.4810	0.3573
	GD	0.9280	0.7821	0.9593	0.9778	0.9839	0.6585	0.5463	0.5202	0.5776	0.5212	0.6358	0.4388
	GX	0.4779	0.3975	0.3923	0.4044	0.4977	0.3422	0.2828	0.2963	0.3353	0.3621	0.5031	0.5304
	HaIN	0.4245	0.4011	0.4782	0.4003	0.4260	0.4650	0.4445	0.3654	0.3924	0.3029	0.3176	0.2796
CA	SX	0.2063	0.1991	0.2130	0.2440	0.2110	0.2181	0.2010	0.2069	0.3273	0.2581	0.2551	0.2435
	NMG	0.5956	0.5457	0.5638	0.4920	0.5092	0.4428	0.4711	0.3879	0.7565	0.7010	0.7210	0.5807
	JL	0.7187	0.7867	0.7777	0.9002	0.7983	0.5299	0.4556	0.3746	0.8363	0.6663	0.5704	0.5944
	HLJ	0.7375	0.6721	0.6956	0.8038	0.8738	0.8008	0.6749	0.6102	0.9991	0.6549	0.6108	0.5855
	AH	0.9696	0.9628	0.8363	0.8046	0.7867	0.6892	0.7492	0.7114	0.9306	0.9962	0.9624	0.9945
	JX	0.6448	0.6299	0.6105	0.6271	0.6153	0.6103	0.6101	0.5573	0.6115	0.6165	0.6191	0.5965
	HeN	0.4510	0.4063	0.3118	0.4518	0.3799	0.4232	0.4486	0.4682	0.7794	0.9984	0.7785	0.5524
	HB	0.3669	0.4613	0.4996	0.5906	0.5893	0.8200	0.6834	0.4404	0.4177	0.3441	0.7223	0.6597
	HN	0.7084	0.7819	0.9173	0.9512	0.9992	0.9726	0.9601	0.8544	0.8669	0.7171	0.6684	0.4580
WA	CQ	0.4590	0.4070	0.3998	0.3546	0.3931	0.4111	0.4809	0.4985	0.5184	0.5426	0.5291	0.4508
	SC	0.7724	0.7946	0.7282	0.6435	0.6650	0.6204	0.4709	0.4422	0.4428	0.4511	0.5283	0.4744
	GZ	0.9996	0.9238	0.7682	0.7900	0.8541	0.9437	0.7916	0.6578	0.5626	0.5559	0.6249	0.5145
	YN	0.3524	0.3761	0.3825	0.4170	0.4415	0.5358	0.4532	0.4882	0.6913	0.5718	0.6460	0.5235
	SX	0.7804	0.8215	0.8386	0.7650	0.7095	0.6900	0.5938	0.4868	0.4285	0.3772	0.3396	0.2941
	GS	0.5094	0.5538	0.5242	0.5344	0.5727	0.6402	0.6698	0.6000	0.9313	0.7214	0.6738	0.5570
	QH	0.5772	0.4719	0.5245	0.4832	0.4029	0.4429	0.3747	0.3412	0.6483	0.5765	0.6031	0.4201
	NX	0.7352	0.6590	0.6497	0.6498	0.6279	0.6444	0.6656	0.6167	0.5576	0.4601	0.5140	0.3760
	XJ	0.4272	0.3730	0.4701	0.4250	0.4370	0.5111	0.5081	0.4725	0.3802	0.3346	0.3200	0.2802

Notice：EA，CA，WA representatives Eastern areas，Central areas and Western areas respectively.

3.3　基于信息熵理论的我国农产品供应链运作模式分析与评价

熵的概念源自热物理学，主要用于反映热物理学中系统的有序程度。信息论创始人克劳德·艾尔伍德·香农（C. E. Shannon）借鉴了热力学的概念并指出，任何信息都存在冗余，冗余大小与信息中每个符号的出现概率或不确定性有关[1]。信息中排除冗余后的平均信息量即为“信息熵”。信息熵与数学和热物理学均密切相关，数学是信息熵度量的外在表现形式，热物理学是信息熵思想的原始火花。从数学角度来看，信息熵是某种特定信息的出现概率。从热物理学角度来看，信息熵是系统的有序化程度。总之，信息熵是系统有序化过程中特定信息出现的数学度量。一个系统越是有序，信息熵就越低；反之，一个系统越是混乱，信息熵就越高。

3.3.1　农产品供应链中的信息熵

从某种意义上来说，供应链也是一个开放的系统，供应链管理主要通过其信息管理来实现。所谓供应链信息，是指反映供应链中各种活动内容的知识、资料、图像、数据、文件的总称。它产生于供应链中的各个环节，又反过来制约或控制整个供应链系统的运行。在供应链系统内部各要素之间、供应链系统与外部环境之间始终存在着信息的交互。根据信息熵理论，信息的获取意味着熵的减少，意味着系统的有序化。因此，供应链系统所拥有的信息量与所呈现的熵值呈反向互补关系，即增加信息流通效率可有效降低系统熵值，系统熵值的降低也意味着信息流通效率的提升。在信息熵理论中，信息的流通效率可由信息的及时性（时效）和准确性（质量）综合反映，信息的获取成本也与信息的及时性和准确性高度相关。因此，信息熵可以通过信息时效熵、信息质量熵

[1] 香农在《通信的数学理论》（*A Mathematical Theory of Communication*）一文中对此进行了系统的阐述。

以及信息成本熵来具体描述。

3.3.1.1 信息时效熵

道·伊尔（Tow ill，1996）认为，提高信息传递时效是现代供应链系统提高反应速度和改善整体绩效的最优方法。供应链系统时效熵正是基于此观点并参照系统信息熵理论而提出的概念。时效熵是指系统内某信源能否在一个特定时段内及时收到相应信宿的反馈信息的不确定性。也就是说在某时间段 t_i 内，供应链系统中元素 i 向其他链中元素 j 发出信号后，在时段 t_i 内及时收到对应反馈信息的不确定性大小称为元素之间联系的时效熵。供应链上纵向上下级任意两个元素 i、j 之间联系的时效熵的数学表示式可定义为：

$$Ht_{ij}=-p_t(ij)\log_2 p_t(ij)$$

其中，$p_t(ij)$ 表示链中任意两个节点元素 i、j 之间联系的时效微观态出现的概率，由 $p_t(ij)=L_{ij}/A_t$ 界定；L_{ij} 为链中节点 i 和 j 的距离。另外，A_t 为供应链系统的时效微观态总数，表示为：

$$A_t=\sum_{i=1}^{n}\sum_{j=1}^{n}L_{ij}$$

供应链系统的总时效熵为：

$$\begin{aligned}H_t&=\sum_{i=1}^{n}\sum_{j=1}^{n}H_{ij}=-\sum_{i=1}^{n}\sum_{j=1}^{n}p_t(ij)\log_2 p_t(ij)\\&=-\sum_{i=1}^{n}\sum_{j=1}^{n}\frac{L_{ij}}{A_t}\log_2\frac{L_{ij}}{A_t}\end{aligned}$$

3.3.1.2 信息质量熵

根据信息理论，信息质量反映信息在信源信宿间流通时的准确性大小。据此，信息质量熵可界定为信息在信源信宿间流通时信息传输质量的不确定性大小。即在单位时间段 t_i 内，供应链中元素 i 向链中其他元素 j 发出信息后，对应的信宿所发反馈信息与信源所发源信息是否一致的不确定性大小称为信息质量熵。因此，信息质量熵可表示为：

$$H_{q_i}=-p_q(i)\log_2 p_q(i)$$

另外，供应链系统结构中与 i 元素有直接联系的元素数量称为元素联系幅度，又称信息质量微观态，以 $K_i=\deg(i)$ 表示；A_q 为信息质量微观态的总数，故有：

$$A_q = \sum_{i=1}^{n} K_i \quad p_q(i) = \frac{K_i}{A_q}$$

供应链系统的信息总质量熵 H_q 可表示为：

$$H_q = \sum_{i=1}^{n} H_{q_i} = -\sum_{i=1}^{n} p_q(ij)\log_2 p_q(ij)$$
$$= -\sum_{i=1}^{n} \frac{K_i}{A_q}\log_2 \frac{K_i}{A_q}$$

3.3.1.3　信息成本熵

在农产品供应链的运营中，信息的准确及时的流动不仅需要资金、技术及人员等的大量投入，还需要供应链组织结构的相应优化，因为不同的信息传递结构对信息成本的大小会存在不同的影响。在其他条件相同的条件下，信息成本反映了为获得信息的准确性和及时性而付出的代价，一般来说，信息的准确性和及时性越高则供应链为此付出的代价会越大。因此信息成本熵可界定为信息在信源信宿间准确及时流通时所付出代价大小的不确定性。为了研究的便利，假设链上所有主体获得相同程度的信息准确性或相同程度的信息及时性时所付出的代价相同，则信息成本熵可由信息时效熵和信息质量熵间接表示：

$$H_C = \alpha H_t + \beta H_q$$

其中，H_C 为信息成本熵，α、β 分别为信息时效熵和信息质量熵的权重。

3.3.2　我国农产品供应链中的信息流运作模式

在供应链管理中，产品的生产、流通均涉及对物流、信息流、价值流、资金流及业务流的合理调控。上述“五流”中，物流和信息流最为关键。物流和信息流在链中的流动方向通常相反，物流推动链上物质（原材料和产品）从供应链上游流向下游，即始于供应商终于消费者；而信息流正好相反，其始于消费者，终于生产商和原材料供应商，从反向拉动固态物质的流动。事实上，在当今买方市场下，消费者是各类信息的起点，拉式的信息产生推式的物流。因此从根本上来说，物流高度依附于信息流，信息流已经成为整个供应链运营的核心和纽带，信息流的合理运行体现着供应链的运营效率，是供应链管理所要解决的核心问题。

一般来说，供应链中信息流运作常见模式有链式双向信息流模式、直链式跨级信息流模式、网状信息流模式、集成式信息流运作模式及协同式信息流运作模式等。链式双向信息流模式是一种传统的供应链信息流运作模式，其信息交互、决策主要发生在相邻节点企业或相邻环节之间，供应链信息管理缺乏整体的协调与合作，信息的流通会出现延滞和严重失真；直链式跨级信息流模式是链式双向信息流模式的一种局部演变，其主要变化是下游某企业公开其需求信息并实现信息共享，但需求信息的公开通常只限于链上的某个局部环节，其信息流通效率有一定的改善，但仍存在信息延滞和失真现象；网状信息传递模式是竞争日益激烈的市场环境下供应链对每一节点敏捷性要求的具体体现。在网状信息传递模式中，供应链上的任意节点之间均拥有基于互联网的信息通道，能够及时了解链中任意节点的信息流通情况，该模式加强了供应链中各节点之间的联系，一定程度上克服了直链模式中信息延滞、信息失真，以及缺乏整体协调的缺点，但众多的信息通道也会增加信息处理成本和信息协同的难度；由哈乌•利（Hau L.Lee）和康承申（Seungjin Whang）提出的集成式信息流运作模式是一种与传统信息流模式完全不同的新模式，它很大程度上克服了上述三种供应链信息流模式的主要缺陷。集成式信息流运作模式的突出特点在于构建了一个独立于供应链之外的信息集成中心。在供应链中，各节点的主要信息通过高速信息通道被收集、分类、加工、整理并汇集于信息集成中心，节点之间实现信息协同下的实时共享。而协同式信息流运作模式是集成式信息流运作模式的进一步发展，其除了继承集成式信息流运作模式的主要优点外，还进一步强调了信息流运作的主动性，即链上主体以提高供应链整体竞争力为目标，以信息流为运作核心，实现在信息共享基础上的信息协同（表 3-4）。

近年来，我国农产品供应链处于飞速发展的黄金时期，部分农业相对发达省份（主要是以农产品出口为农业发展导向的省份如山东省等）建立了以农产品信息平台为中心的农产品物流中心，农产品的产销效率得到了很大提高。但由于历史条件和现实因素的影响，从整体来看，我国农产品供应链运作最主要的模式仍然是以批发市场为中心的传统供应链形式，其“货银两讫”的现货交易方式和原始的物流形态，使其信息流运作模式主要仍处于链式双向信息流模式，即信息交互及决策主要在相邻节点之间，农产品供应链信息流通的延滞和失真现象严重影响我国农产品产销效率。

表3-4　不同信息流运作模式的交互方式与缺点

信息流模式	信息交互方式	主要缺点
链式双向信息流模式	相邻节点之间	信息延滞和失真严重
直链式跨级信息流模式	相邻节点之间，下游局部共享	信息延滞和失真
网状信息流模式	节点之间基于Internet共享	信息成本增加
集成式信息流运作模式	基于信息中心共享	信息处理及信息协同难度增加
协同式信息流运作模式	基于协同的主动式信息共享	信息处理及信息协同难度增加

3.3.3　我国农产品供应链主要运作模式分析与评价

从上文对农产品供应链信息流运作模式的分类评述可知，农产品供应链组织结构的差异对其信息流的运作效率具有不同的影响，信息流的合理运行体现着供应链运作模式的实现效率。因此，结合信息熵理论，信息熵的大小可以在很大程度上反映不同农产品供应链运作模式的运作效率。

利用信息熵理论，分别计算四种农产品供应链运作模式（图 3-1 ～图 3-4）的信息时效熵、信息质量熵及信息成本熵。其中，考虑到信息的及时性和准确性的重要性无法简单割裂，现假设信息传播过程中时效和质量的权重 α 和 β 均取值为 0.5，则四种农产品供应链信息熵的比较结果见表 3-5。

从表 3-5 可知，不同结构农产品供应链运作模式的微观态总数呈现出较大的差异。从信息时效微观态总数来看，以批发市场为核心组织的农产品供应链运作模式的微观态总数最大，达到了 147，远远超过了其他三种农产品供应链运作模式，而以农产品加工企业和以大型零售企业为核心组织的供应链运作模式的信息时效微观态总数差别不大，分别为 92 和 100，以物流中心为核心组织的供应链运作模式的信息时效微观态总数最小，仅为 81。微观态总数的大小彰显了信息在信宿和信源间传递的及时性，在一定程度上反映系统的复杂程度。

微观态总数值越大，对应的系统复杂程度就越高，信息传递出现延滞或失真的可能性就越大。这种结果也可以从其相应的信息时效熵数值得到一定程度的佐证。例如，以批发市场为核心组织的农产品供应链的信息时效熵最大为5.7784，而以农产品加工企业和以大型零售企业为核心组织的供应链其信息时效熵差别不大，以物流中心为核心组织的农产品供应链的信息时效熵则最小，仅为4.8781，比较可知，信息时效微观态总数与信息时效熵的排序基本相同，说明在同样条件下微观态总数与时效熵的数值呈同向变化，微观态总数越大，系统复杂程度就越大，时效熵也就越大。

表3-5　不同农产品供应链运作模式的信息熵比较

供应链核心组织	A_t	H_t	A_q	H_q	H_c
批发市场	147（1）	5.778（1）	15（1）	2.740（1）	4.259（1）
农产品加工企业	92（3）	5.158（3）	10（3）	2.647（3）	4.081（2）
大型零售企业	100（2）	5.224（2）	11（2）	2.550（4）	3.887（3）
物流中心	81（4）	4.878（4）	9（4）	2.726（2）	3.802（4）

注：数据为信息熵计算结果，括号内数字为大小排序。

与此相仿，上述四种农产品供应链运作模式的信息质量微观态总数的大小排序与信息时效熵微观态总数的排序完全相同，但从对应的信息质量熵值来看，同样的供应链结构其对信息时效和信息质量的影响并不完全相同，尽管以大型零售企业为核心组织的供应链运作模式的信息时效微观态总数值排序第二，但其熵值却最小，说明了这种农产品供应链运作模式从信息质量的角度来看为最优选择。事实上，从国外农产品供应链的发展经验来看，这种运作模式确实也是最为成功的。

最后，从信息成本熵来看，以批发市场为核心组织的农产品供应链运作模式其值最大。也就是说，在该种结构模式下，由于其结构最为庞杂，因此其系统的信息运行成本也是最大。而以大型零售企业和物流中心为核心组织的供应链运作模式的信息成本熵差别不大，说明了这两种运作模式蓬勃发展的现实合理性。值得注意的是，在实际应用信息熵理论评价农产品供应链的系统效率时，信息时效和信息质量的权重不同会造成信息成本熵值的不同排序。因此，综合考虑信息时效熵、信息质量熵及信息成本熵显然更为合理准确。

供应链管理中信息流动的不确定性大小反映了供应链的运作效率，供应链运作模式因其组织结构的不同对供应链中信息的流动具有不同的影响，从我国农产品供应链信息熵的角度来看，以大型零售企业和物流中心为核心组织的农产品供应链运作模式是我国目前农产品供应链相对合理的选择。供应链的优化是一个系统工程，从信息理论角度来看，降低系统的信息熵值必须进一步加强信息的流动性、透明性、准确性和及时性，提高农产品供应链信息管理效率是我国走向信息化精益农业必要的重要的一步。

3.4　农产品供应链协同的现实需求

3.4.1　农产品供应链协同的影响因素

3.4.1.1　宏观影响因素

（1）战略因素。供应链协同有效实施的关键，往往取决于链上企业战略行为和决策的契合程度。其中，企业战略文化受到了众多学者的关注，缺乏战略合作文化的链上企业，往往对合作伙伴缺乏信任，其行为或策略易于呈现个体理性而忽略了供应链整体协同发展带来的价值，从而造成了供应链整体理性的缺失。缺乏战略合作的企业文化已成为链上企业进行供应链协同的主要障碍之一。企业战略合作文化的形成并非朝夕之功，合理的激励与评价机制是战略合作文化的形成并稳定成长的适合土壤。而要实现供应链运作的真正协同，首要任务是改变企业传统的“结果第一”评价机制，将协同目标与“过程”和“战略”指标联系起来，将快速满足顾客个性化需求、提高供应链的整体竞争能力与利益激励与分配联系起来，让“共赢”意识成为链上企业决策和行动的“指向标”。

（2）战术因素。供应链作为一个组织，允许链上企业为了特定的目标而建立相互联系。而为了完成该目标，伙伴企业必须共享供应链的能力、资源和流程等并协同工作。供应链强调特定的业务伙伴必须以更加动态和松散的耦合、通过制定和实施跨越多个组织的流程来完成它的目标（舒伯特等，2000），企业流程协同属于供应链协同的战术层面。一般而言，企业流程主要包括计划、采购、制造和配送四个内部流程，而这些流程都或多或少地与链中上游和下游主体存在相互联系，其执行会影响整个供应链的协同。因此供应链协同不仅存在企业业务流程的整合和内部协同，还存在企业与上下游企业业务和信息的外部协同。供应链主体的多元化和业务流程的庞杂，对供应链协同无疑存在重大的影响。

（3）外部环境因素。近年来，经济的全球化、世界经济的一体化及激烈的市场竞争等外部因素极大地促进了供应链协同的提出和发展。世界一流的企业都在加快整合价值链中的物流和信息流，以满足个性化的市场需求。全球化、一体化使“共赢”和“合作”意识成为潮流，并改变着竞争的模式和格局。供应链管理从局部优化的分布式管理模式发展到整体优化的集中式管理模式，再发展到整体和局部协调优化的协同管理模式的战略思想，其每个阶段的转变，很大一部分原因在于基于全球竞争下需求的不确定性。新时期的链上企业在市场上不能“独善其身”，必须更多地依赖外部合作伙伴。正如管理学大师德鲁克所言“今天我们用来做决策所需要的信息 2/3 来自企业外部”。

另外，随着企业竞争全球化和信息技术的迅猛发展和广泛应用，市场竞争的维度发生了根本的改变，在产品成本、质量、差异化和服务竞争的基础上，时间已经成为形成竞争优势的一种新的重要资源，时间竞争（Time-Based Competition，TBC）成为一种新的重要竞争战略。基于时间的竞争要求以柔性的生产和管理为基础，在保证高质量与低成本的前提下，压缩从产品开发阶段到生产及递送到最终顾客手中整个周期中每一个环节的时间，及时响应客户的需求以取得竞争优势。企业要更好更快地满足日益个性化的市场需求，只有通过供应链协同，将链中上下游主体纳入自己的流程中，协同发展，共同进步，以提高供应链的满足需求的柔性。最后，随着 IT 技术广泛应用和电子商务的蓬勃发展，一种新的供应链形式“虚拟组织”开始盛行。供应链上各结点企业据点分散，形成了各种复杂的分布式供应链网络格局，也使供应链与供应链之间的竞争更加复杂。而“管理这些分布式的供应链，无论是理论上还是实践上，其复杂性都是显而易见的”（表3-6）。因此，协同供应链的战略目标、业务流程及技术创新有利于提高供应链的整体绩效，增强供应链的市场竞争力。

表3-6　供应链的外部环境因素

外部环境因素	主要观点	相关文献
全球化	“共赢”和“合作”意识变强；竞争格局改变	彭建仿，《经济师》，2003; Robert E.Sabath,1998
市场竞争	竞争日益激烈、技术革新变快对供应商提出更高的要求	In jazz J.Chen,2003; Robert E.Sabath,1998
管理复杂性	链上主体区位的全球化对管理提出更高的要求	Henk Akkern ans,2003

（4）信息技术因素。信息技术是供应链协同的使能器。依靠先进的信息技术以及Internet平台，供应链伙伴之间可以便捷及时地进行信息交流与共享，从而有效地实施供应链协同战略。这种组织间的信息交流与共享要求链上企业的基础设施或信息系统的高度兼容，因此跨组织IT基础设施对供应链协同至关重要。所谓IT基础设施，是指“一个能够共享IT能力的基础。它为一系列的应用提供公用的服务，包括有效管理物料，协调与供应商的外界活动以及与顾客的市场需求进行交流”。也就是说跨组织的IT基础设施给供应链链上企业间业务流程的协同提供了一个公共的信息共享平台，以支持供应链组织之间的联系、数据的获取、流程的整合等。利用跨组织IT基础设施，企业能够加强与供应链与其他外部组织的联系，增强与伙伴之间的合作关系。而使用跨组织IT基础设施的强度和范围越大，企业间网络化合作的层次就会越高。

随着供应链协同程度的提高，传统的企业内部流程整合软件已远远不够，基于因特网的协同软件的支持变得越来越必不可少。另外供应链协同中网络的安全与信息技术的柔性成为影响供应链协同的主要障碍之一。其中，网络安全主要包括数据的完整性、准确性、保密性以及系统的稳定性；信息技术柔性指供应链面对突发事件或意外破坏后快速恢复的能力。供应链协同与信息技术安全有着内在的联系，上下游合作伙伴之间持久稳定的关系有利于供应链的安全，而相应地，供应链的安全也能够加强合作伙伴之间的关系和协同（弗兰克·奎恩，2005）。供应链管理实践表明，加强供应链上伙伴的联系与合作，消除信息传递的障碍，可以消除供应链信息流动时滞，提高信息共享的程度，进而形成由顾客需求驱动的无缝的、稳定的、高效运作的供应链。

3.4.1.2 微观影响因素

（1）专用性。专用性概念最早是一些经济学家在研究人力资本时认识到的。所谓专用性，从经济学角度来讲，是指由特定的经济主体拥有或控制的、能够给该经济主体带来经济利益的经济资源用途的特定性。在交易成本理论中，专用性是描述供应链中伙伴交易的重要维度，它与交易的不确定性和频率决定了供应链伙伴合作的方式及相应的治理机制。农产品的生产时间、地理位置、理化性质及农业生产投入甚至农业专业技能等因素都会导致资产专用性问题。当一方的资产专用性高时，交易的另一方容易遭遇对方“敲竹杠”的风险。因此缺乏有效治理机制的专用性的存在，会影响农产品供应链中农户和公司交易（契约）关系的稳定性，从而影响农产品供应链协同的有效实施。

在农产品供应链中，从农户的角度看，专用性主要体现在生产时间、生产产品及生产设备资产的专用性上。农业生产具有自然属性，其生产过程具备一定的生化特征与周期性，生长周期的长度决定了生产时间专用性的程度，生长周期越长，时间的专用性程度越强。例如，同一块土地对种蔬菜和经济林木而言，蔬菜生产的时间专用性就远低于种植经济林木的时间专用性。产品的专用性则主要体现在产品的市场属性和自然属性上。从市场属性来看，产品的用途越是特定，其需求价格弹性就越小，而农产品的自然特性使产品的交易成本相对较大，因而其专用性也相对较强。从自然属性来看，数量越大、理化性质越不稳定的产品，其销售半径与销售时间的弹性一般较小，转售及持有的机会成本也相对较大，如果不按契约出售，则很难在短期内找到合适的买方，因而其专用性较强。最后，随着现代农业机械技术的快速发展，农业机械在农业生产中得到了越来越广泛的应用，与传统的农用手工工具相比，现代农用机械设备偏属沉淀资产，其专用性显然要远高于传统农用手工工具。

从公司的角度看，与工业企业相比，农产品购销型或加工型公司的物质资产专用性相对更高。一方面，农产品生产地域的特定性决定了农产品运输费用相对较高，因而大多数农产品加工或购销企业都选址于远离城郊的农产品生产区，从而使厂房和设备搬迁成本高，专用性增强。另一方面，农产品生产的季节性与不稳定的理化性质决定了农产品的储藏费用也相对较高，为了保证原料的稳定供应，农产品加工企业不得不加大专用性很强的农产品就地存储基础设施的投资。

（2）不确定性。农产品供应链中公司和农户的关系是影响供应链协同的最重要的关系之一，从交易经济学的视角来看，契约关系是二者关系的治理机制，而农产品生产的生物特性及产后的理化性质使该契约呈现天然的不完全性，这种不完全性导致了供应链的不稳定，从而使供应链的协同面临极大的困难。第一，公司和农户的有限理性使二者在谈判和签订契约时无法对不可预期的未来情况在契约中作出避免日后重大争议的、“完全性”的规定。第二，公司和农户的经济实力、信息能力的差异，使二者呈现谈判地位和能力上的不对称，从而导致契约签订时公平合理原则的显性扭曲。第三，农产品供应链的主体构成中除包括农户、公司、分销商等外，有时也包含政府相关部门、非营利组织等利益相关者，这种主体成分的复杂性使农产品供应链结构呈现多元化特点；农产品供应链囊括从“田地到餐桌”多个环节、多个阶段，其任一环节、任一阶段的失常均会导致供应链结构运转的失衡，这些对农产品供应链运作提出了很高的要求，并同时决定了农产品供应链结构的脆弱性。另外从时间竞争角度来看，农产品供应链以公司为基点，不仅包括类似工业供应链中的旨在提高需求响应速度的后端正向加速，还包括旨在控制农产品的生产时间和生产周期、提高农产品质量、缓解供需矛盾的前端逆向加速。上述农产品供应链主体结构的多元化、脆弱性和“两端特性”等特点构成了农产品供应链运转过程的复杂性和不确定性，进而造成了农产品供应链流程协同的困难。第四，由于农业生产的特性和产品不稳定的理化性质，为了逃避违约责任，双方在签订契约时往往附加了许多免责条款，从而导致了契约执行成本和监督成本的高昂，契约执行和监督成本高昂反过来又刺激了双方违约情况的发生。第五，由于农产品的天然属性决定了其供给的时间、数量及质量均呈现一定的刚性，而农产品消费模式已经呈现出与工业品供应链类似的不确定性、敏感性和个性化特征，这种农产品供需的非均衡性使农产品市场价格呈现动态变化，进而加大了契约签订及履行的难度。

（3）交易频度。交易频度也是影响农产品供应链协同的一个重要因素。所谓交易频度，是指在既定时间内某项交易重复发生的次数，是一个相对维度。

交易频度与交易费用正向相关，与交易规模反向相关。当交易频度的较高时，交易规模会相对较小，总的交易费用将分摊在多次交易中，因此单次交易中较低的投机收益会遏制交易主体的投机动机。反之，当交易频度较低时，交易规模会相对较大，交易的集中化会使单次交易的费用相对较高，这种相对较高的投机收益会刺激主体的投机动机，从而造成农产品供应链协同的困难。

交易频度也与交易双方资产专用性的强弱有关。当农户的资产专用性较弱时，为了收益最大化，农户进行交易的频度会相对较高，企业则倾向于与有组织的农户（农民合作社或农联组织等）进行集体交易以降低交易频度与交易成本。在农产品供应链中，农户的弱势地位，使其宁愿损失较小的专用资产价值以达成多次现货交易，而如果企业选择约束性更强的协作方式，一旦对方违约，所花费的谈判成本也会就此沉没。因此，较弱的资产专用性会导致交易频度的增加，为了减低交易费用，农产品供应链企业需要整合交易对象并与其建立长期的、稳定的信任关系，这无疑增加了农产品供应链协同的难度。

3.4.2 不同交易条件下供应链协同价值的比较模型

供应链协同机制是变化的、复杂的，创建和发展有效的协同机制，除了需要鉴定影响供应链协同决策的因素外，还需要评价供应链协同价值。所谓供应链协同价值，是指供应链通过协同方式整合后的供应链整体价值与未经协同整合的供应链整体价值的差，是一种产生 $1+1>2$ 效果的新的价值增量。供应链协同一般通过整合方式实现，供应链整合是对新价值链结合方式的追求，是使链中企业获得新的竞争优势的方式或手段。整合可以采用一体化方式，也可以选择协同方式。考虑到整合效果的不确定性，当供应链协同过程具有较高的灵活性和较低的退出成本时，供应链协同价值的实现更为简单高效。

在农产品供应链中，加工企业（公司）节点的下游协同过程与工业供应链协同过程基本相同，而加工企业的上游协同过程则由于农业生产的生物特性及农产品产后的理化特性而呈现完全不同的特点。为了探索农产品供应链协同机制的独特形式和经济意义，有必要对公司节点上游供应链进行协同价值的评价。为此，本节针对由 n 个农户和一个公司组成的单一农产品供应链，建立协同价值评价模型，分析了农户和公司不同合作方式下的收益水平，借此表明该农产品供应链存在以契约合作形式进行协同的需求。

3.4.2.1 模型的假设条件

出于研究目的及研究的便利，评价模型选择两阶段单一农产品供应链为研究对象，参与者为由 N 个农户（简记为 n）和一个农产品加工公司（简记为 g）；农户和公司均假定为理性经济人且农户无差异；面对随机的市场需求为 $p=a-bq$，其中，a，b 为常量参数；$i=(0, 1)$，0 表示农户，1 表示公司；公司和农户的交易方式分别为现货交易（简记为 x）和契约合作交易（简记为 h），且公司和农户收益的相关参数假设如下：

（1）c_{si}：单位农产品的生产或加工成本。

（2）c_{hi}：契约合作时单位农产品的交易成本。

（3）c_{xi}：现货交易时单位农产品的交易成本。

（4）p：农产品的市场价格。

（5）q：合作时的农产品交易数量。

（6）p_0：契约合作交易时农产品价格，$p_0=p(1+r\%)$，r 为常量参数。

（7）p_1：公司农产品加工后的售出单价。

3.4.2.2 现货交易下的模型均衡

根据交易经济学，同时假定 $c_{xi} > c_{hi}$，事实上，这也是符合经济现实的显性假设。在农产品供应链中，当农户分散逐一与公司进行现货交易时（图 3-5），农户和公司的收益分别为 $\prod_{nx}$、$\prod_{gx}$ 分别为：

$$\begin{aligned}\prod\nolimits_{nx} &= n(p-c_{s0}-c_{x0})(q_x/n)\\ &=(a-bq_x-c_{s0}-c_{x0})q_x \end{aligned}\tag{3.4}$$

$$\begin{aligned}\prod\nolimits_{gx} &= n(p_1-c_{s1}-c_{x1})(q_x/n)\\ &=(p_1-a+bq_x-c_{s1}-c_{x1})q_x \end{aligned}\tag{3.5}$$

由于公司和农户现货交易时，其交易农产品的数量主要由农户的供给决定，因此农户利润最大化时的均衡数量即为供应链现货交易状态下的农产品数量，此时农产品供应链的最大收益 $\prod_{sx}$ 为：

$$\max\prod_{sx}=\max\prod_{nx}+\prod_{gx}（\text{s.t}\max\prod_{nx}） \quad (3.6)$$

对 $\max\prod_{nx}$ 式中 q_x 求导并令其等于零，得均衡产量为 q_x^* 为：

$$q_x^*=（a-c_{s0}-c_{x0}）/2b \quad (3.7)$$

将 q_x^* 分别代入 $\prod_{nx}$、$\prod_{gx}$ 及 $\prod_{sx}$ 中有：

$$\prod{}^*_{nx}=（a-c_{s0}-c_{x0}）^2/4b \quad (3.8)$$

$$\prod{}^*_{gx}=（p_1-a-c_{s1}-c_{x1}）（a-c_{s0}-c_{x0}）/2b+（a-c_{s0}-c_{x0}）^2/4b \quad (3.9)$$

$$\begin{aligned}\prod{}^*_{sx}&=\prod{}_{gx}（q_x^*）+\prod{}_{nx}（q_x^*）\\&=（p_1-c_{s0}-c_{x0}-c_{s1}-c_{x1}）（a-c_{s0}-c_{x0}）/2b\end{aligned} \quad (3.10)$$

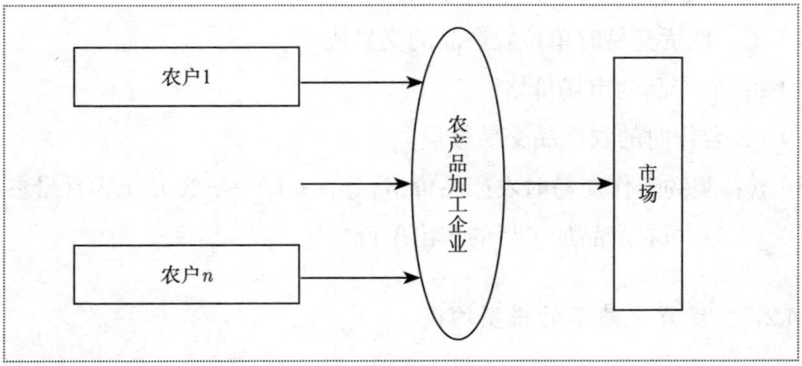

图3-5　以农产品加工企业为核心的农产品供应链简略模型一

3.4.2.3　契约合作下的模型均衡

当公司和农户进行契约合作时，农户以集体组织形式与公司进行交易（图 3-6），农户和公司的收益分别为 $\prod_{nh}$、$\prod_{gh}$ 分别为：

$$\prod{}_{nh}=n（p_0-c_{h0}-c_{s0}）（q/n） \quad (3.11)$$

$$\prod{}_{gh}=n（p_1-p_0-c_{s1}-c_{h1}）（q/n） \quad (3.12)$$

公司和农户通过农联组织进行契约合作时，其收购农产品的数量由供应链整体收益最大化决定，因此供应链利润最大化时的均衡数量即为供应链契约合作状态下的农产品数量，供应链此时的最大收益 $\prod_{sh}$ 为：

$$\max\prod_{sh}=\max\left(\prod_{gq}+\prod_{nh}\right) \quad (3.13)$$

可得均衡产量为：

$$q_h^*=\left(2ra+c_{s0}+c_{s1}+c_{h0}+c_{h1}-p_1\right)/4rb \quad (3.14)$$

$$\max\prod_{sh}=\prod_{gh}\left(q_h^*\right)+\prod_{nh}\left(q_h^*\right)$$

$$\prod_{sh}\left(q_h^*\right)=\left(p_1-c_{s0}-c_{s1}-c_{h0}-c_{h1}\right)\left(2ra+c_{s0}+c_{s1}+c_{h0}+c_{h1}-p_1\right)/4rb \quad (3.15)$$

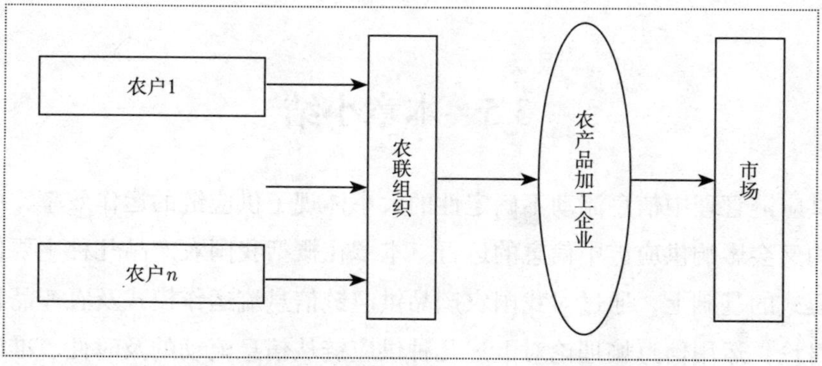

图3-6　以农产品加工企业为核心的农产品供应链简略模型二

3.4.2.4　两种交易方式下农产品供应链协同价值的比较

比较现货交易和契约合作交易下农产品供应链的均衡收益有：

$$\begin{aligned}\max\prod_{sh}-\max\prod_{sx}&=\left(p_1-c_{s0}-c_{s1}-c_{h0}-c_{h1}\right)\left(2ra+c_{s0}+c_{s1}+c_{h0}+c_{h1}-p_1\right)/4rb-\prod_{sx}^*\\&=\left(p_1-c_{s0}-c_{s1}-c_{h0}-c_{h1}\right)\left(2ra+c_{s0}+c_{s1}+c_{h0}+c_{h1}-p_1\right)/4rb-\\&\quad\left(p_1-c_{s0}-c_{x0}-c_{s1}-c_{x1}\right)\left(a-c_{s0}-c_{x0}\right)2b\end{aligned} \quad (3.16)$$

因为 $c_{xi}>c_{hi}$，故有 $\left(p_1-c_{s0}-c_{s1}-c_{h0}-c_{h1}\right)>\left(p_1-c_{s0}-c_{x0}-c_{s1}-c_{x1}\right)$

又因为 $\max\prod_{sh}/q_h^*=\left(p_1-c_{s0}-c_{s1}-c_{h0}-c_{h1}\right)$ 是供应链的农产品单位利润水平，故从经济学的角度其也一定大于零，故 $\left(2ra+c_{s0}+c_{s1}+c_{h0}+c_{h1}-p_1\right)/4rb$ 显然也应该大于零。

$$\begin{aligned}&\left(2ra+c_{s0}+c_{s1}+c_{h0}+c_{h1}-p_1\right)/4rb-\left(a-c_{s0}-c_{x0}\right)/2b\\&=\left(c_{s0}+c_{s1}+c_{h0}+c_{h1}-p_1\right)/4rb+\left(c_{s0}+c_{x0}\right)/2b>0\end{aligned} \quad (3.17)$$

$$\prod_{sh}\left(q_h^*\right)-\prod_{sx}\left(q_x^*\right)>0$$

谋求供应链中间组织效应是供应链协同的主要目标之一，对农产品供应链而言，农联协会是组织单个农户进行集体运作的中间组织，其代表农户的利益与农产品加工公司进行契约式的整合，是农产品供应链协同的一种重要方式。而农产品供应链协同后的收益大于其协同前的收益，至少表明当农产品供应链以契约合作的形式进行协同的时候，可以提高供应链的整体收益，进而存在农产品供应链协同的现实需求。

3.5 本章小结

供应链管理中信息流动不确定性的大小体现了供应链的运作效率，而供应链结构又会影响供应链中信息的运行。本章在概括我国农产品几种主要供应链运作模式的基础上，通过对我国农产品供应链信息流运作模式及农产品物流效率的讨论，运用信息熵理论对上述几种供应链从信息流动的及时性、准确性和成本角度进行了分析和评价。实证表明，从我国农产品供应链信息熵的角度来看，以大型零售企业和物流中心为核心组织的农产品供应链运作模式是我国目前农产品供应链相对合理的选择。供应链的优化是一个系统工程，从信息理论的角度来看，降低系统的信息熵值必须进一步加强信息的流动性、透明性、准确性和及时性。以信息熵优选的两种典型的农产品供应链结构模式为基础，通过信息理论对农产品供应链的协同价值进行建模比较，可知公司（或农产品加工企业）和农户在现货交易和契约交易两种模式下，契约交易模式下农产品供应链能获得更大的协同价值，因此，优选合适的农产品供应链，整合和协同其运作流程尤其是上游流程，对联结农民和市场、提高农民收入、稳定农产品市场供求具有一定的理论意义和充分的现实需求。

第4章 农产品供应链协同的收益风险分配机制研究

供应链是一个区别于传统交易关系的相互依赖的系统，是一种收益同享、风险共担的合作与混合治理结构，其通过合作或专用性资产投资来建立紧密关系以满足不确定性环境的要求。供应链协同是提升供应链整体竞争力的关键驱动因素之一，供应链协同的良好效果建立在合理高效的协同机制上，只有建立合理高效的协同机制如利润和风险分配机制等，供应链协同的稳定态才能得到长期保持。供应链协同机制是供应链协同的核心内容，主要以契约的形式在组织合作中得以呈现，其手段一般包括专用性资产投资、监管等。本章将以我国农业经济中较为典型的农产品供应链模式为研究对象，以灰博弈理论为理论基础，以链中农产品加工企业为关注核心，分别对专用性差异及“期权＋保险”条件下农产品供应链的协同机制进行深入分析，以探讨农产品供应链协同的收益风险分配机理。

4.1 产品专用性差异下农产品供应链灰博弈模型的构建与分析

专用性是指由特定的经济主体拥有或控制的、能够给该经济主体带来经济利益的经济资源用途的特定性。专用性是描述供应链中伙伴交易的重要维度，它与交易的不确定性和交易频度等共同决定了供应链伙伴合作的方式及相应的治理机制。灰博弈理论是灰色理论和博弈理论的有机结合，是决策信息偏属灰色时柔性处理经典博弈理论“刚性缺陷”的理论衍生和应用拓展。

4.1.1 模型的基本假设

在我国，“农户 + 公司”型供应链模式是广泛应用的、具有代表性的一种农业产业化运营方式，它在一定程度上缓解了“小农户”与“大市场”之间的矛盾，是我国解决“三农”问题的重要政策选项。但由于信息、资金、技术的不对称及组织分散等原因，公司与农户之间收益分配结构不尽合理，没有真正做到“利益共享、风险共担”，使我国农业产业化进程中最主要的供应链组织形式面临运行不畅、效率低下的困境。因此，理顺农户和公司之间最为核心的利益和风险分配关系，创建合理有效的供应链协同机制，是提高整个“农户 + 公司”型供应链协同水平，实现供应链整体优化的核心所在。考虑到市场价格的动态特性会导致博弈双方损益的不确定，本节拟用一个灰矩阵博弈模型来探讨“农户 + 公司”型供应链的协同稳定机制。

现将农户和公司基于价格区间灰数的博弈问题，记为 $G(\ddot{A})=\{S_1, S_2A(\ddot{A})\}$，其中：$S_i=\{\alpha_1, \alpha_2\}$ 为局中人 1 的策略集，$S_j=\{\beta_1, \beta_2\}$ 为局中人 2 的策略集，$A(\ddot{A})$ 为局中人根据共有信息得到的灰损益值矩阵。为了构建灰损益矩阵，先对模型作前提条件和基本符号假设：

（1）局中人均为理性的经济人，局中人 1 设定为农户，局中人 2 设定为公司，支付函数为其收益。

（2）市场价格属于共有信息。

（3）局中人的策略仅有两类，分别为违约、履约。

（4）违约处罚成本为零。

（5）C_i 为单位投入成本，i=1，2。

（6）P_c 为公司加工品的竞争性市场价格（即 P_c 不变）。

（7）P 为农户与公司签订的契约保护价格，

且 $\left[P_{2L},P_{2H}\right]\ni P_{2m}\left(\ddot{A}\right)<P<P_{1m}\left(\ddot{A}\right)\in\left[P_{1L},P_{1H}\right]$。

（8）F 为公司违约时，公司对农户给予的单位数量的违约赔偿。

（9）r 为公司获利时对农户给予的单位利润返补，F、r 均不大于 P。

（10）Q 为农户与公司签订的契约收购数量。

（11）Z 为农户违约时的单位转售成本或公司违约时的单位转购成本，用以描述农产品专用性的强弱。

（12）P_1（$\ddot{A}$）为农户执行契约价格时的收益。

（13）P_2（$\ddot{A}$）为公司执行契约价格时的收益。

（14）P_{1m}（$\ddot{A}$）为农户在市场价格高于契约价格时的收益。

（15）P_{2m}（$\ddot{A}$）为公司在市场价格低于契约价格时的收益。

4.1.2　模型构建

产品专用性主要体现在其自然属性和市场属性上。从自然属性来看，体积越大、理化性质越不稳定的产品，其销售区域半径较小，在售时间较短，因而转售或转购成本较高，其专用性也相对较强；从市场属性来看，产品越是用途特定，其市场需求面就越窄，因而转售成本较高、专用性较强。当农产品存在专用性差异且面对动态价格环境时，其损益为灰函数，此时博弈双方的灰损益矩阵 A（$\ddot{A}$）为（表4-1）：

表4-1　动态价格下农户与公司的灰损益矩阵

<table>
<tr><td rowspan="3">n</td><td colspan="3">g</td></tr>
<tr><td></td><td>合作</td><td>不合作</td></tr>
<tr><td>合作</td><td>P_1（$\ddot{A}$），P_2（$\ddot{A}$）</td><td>F_2Q，P_{2m}（$\ddot{A}$）</td></tr>
<tr><td></td><td>不合作</td><td>P_{1m}（$\ddot{A}$），0</td><td>0，0</td></tr>
</table>

其中，当双方履约时农户和公司的收益函数分别为 $P_1(\ddot{A})$、$P_2(\ddot{A})$；当市场价格高于契约价格时，此时农户倾向于违约，公司倾向于履约，农户和公司的损益函数分别为 $P_{1m}(\ddot{A})$、0；当市场价格低于契约价格时，此时农户倾向于履约，公司倾向于违约，农户和公司的损益函数分别为 FQ、$P_{2m}(\ddot{A})$；而当双方都违约时，显然各自的损益均为零。上述情况下，农户和公司采用不利之中最有利的各种策略时，农户和公司收益函数为：

（1）当双方履约时各自的损益函数，$P_1(\ddot{A})$，$P_2(\ddot{A})$ 分别为：

$$P_1(\ddot{A}) \in (a_1, b_1) = [PQ-QC_1, PQ-QC_1+rQ];$$

$$P_2(\ddot{A}) \in (a_2, b_2) = [P_cQ-(PQ+QC_2+rQ), P_cQ-(PQ+C_2)]$$

（2）当市场价格高于契约价格时，农户违约，公司履约，各自的损益函数分别为：

$$P_{1m}(\ddot{A}) \in (a_{1m}, b_{1m}) = [P_{1L}Q-QC_1-ZQ, P_{1H}Q-QC_1-ZQ];\ 0$$

（3）当市场价格低于契约价格时，农户履约，公司违约，双方各自的得益函数分别为：

$$F_2Q;$$

$$P_{2m}(\ddot{A}) \in (a_{2m}, b_{2m}) = [P_cQ-(P_{2H}Q+QC_2+FQ+ZQ), P_cQ-(P_{2L}Q+QC_2+F_2Q+ZQ)]$$

（4）当双方都违约时，各自的得益均为零。

4.1.3 模型分析

在模型的灰损益矩阵中，部分损益值由区间灰数表征，而区间灰数的大小由众多预设变量决定，因此，任一灰势—纯策略上策均衡即供应链的协同机制的实现均受制于预设变量的变化。通过灰博弈理论可知，在 $A(\ddot{A})$ 矩阵中，要获得 (α_i, β_j) 的势最优均衡解，对农户 α_i 而言，无论公司 β_j 为何种策略，必然要求某一农户损益灰数区间相对于其他任一农户损益灰数区间为优势灰数，且对公司 β_j 而言，无论农户 α_i 为何种策略，必然要求公司某一损益灰数区间相对于其他任一公司损益灰数区间为优势灰数。

结论 1：当且仅当 $(P_{1L}+P_{1H})-2P-2Z < r < (2P+2Z-2F)-(P_{2L}+P_{2H})$ 时，

（履约，履约）是农产品供应链收益分配协同灰博弈势模型的最优均衡解。

证明：在 A（$\ddot{A}$）矩阵中，农户履约的区间灰数 P_1（$\ddot{A}$）相对于农户违约的区间灰数 P_{1m}（$\ddot{A}$）的优势为：

$$
\begin{aligned}
SPD_{11\to 1m1m}+IPD_{11\to 1m1m} &= \frac{(b_1-b_{1m})}{b_1-a_1}+\frac{(a_1-a_{1m})}{b_1-a_1}=\frac{(a_1+b_1)-(a_{1m}+b_{1m})}{b_1-a_1} \\
&= \frac{(PQ-QC_1+PQ-QC_1+rQ)-(P_{1L}Q-QC_1-ZQ+P_{1H}Q-QC_1-ZQ)}{(PQ-QC_1+rQ)-(PQ-QC_1)} \\
&= \frac{2P-P_{1L}-P_{1H}+r+2Z}{r}
\end{aligned}
\tag{4.1}
$$

由于 $r>(P_{1L}+P_{1H})-2P-2Z$，故 $SPD_{11\to 1m1m}+IPD_{11\to 1m1m}>0$，即灰数 P_1（$\ddot{A}$）相对于灰数 P_{1m}（$\ddot{A}$）为优势灰数。

公司履约的区间灰数 P_2（$\ddot{A}$）相对于公司违约的区间灰数 P_{2m}（$\ddot{A}$）的优势为：

$$
\begin{aligned}
SPD_{2\to 2m}+IPD_{2\to 2m} &= \frac{(b_2-b_{2m})}{b_2-a_2}+\frac{(a_2-a_{2m})}{b_2-a_2}=\frac{(a_2+b_2)-(a_{2m}+b_{2m})}{b_2-a_2} \\
&= \frac{\{P_cQ-(PQ+QC_2+rQ)+P_cQ-(PQ+C_2)\}-\{P_cQ-(P_{2H}Q+QC_2+FQ+ZQ)+P_cQ-(P_{2L}Q+QC_2+FQ+ZQ)\}}{P_cQ-(PQ+C_2)-\{P_cQ-(PQ+QC_2+rQ)\}} \\
&= \frac{(P_{2L}+P_{2H})+2F-2P-r+2Z}{r}
\end{aligned}
\tag{4.2}
$$

由于 $r<(2P+2Z-2F)-(P_{2L}+P_{2H})$，故 $SPD_{2\to 2m}+IPD_{2\to 2m}>0$ 即灰数 P_2（$\ddot{A}$）相对于灰数 P_{2m}（$\ddot{A}$）为优势灰数。

也就是说，在式（4.1）、式（4.2）联合条件下，对农户而言，无论公司是否履约，其选择履约所带来的损益值的灰势至少始终不低于其他所有策略，履约是农户不利之中最有利之策略；对公司而言，无论农户是否履约，其选择履约所带来的损益值的灰势也至少始终不低于其他所有策略，履约是公司不利之中最有利之策略。因此（履约，履约）为 A（$\ddot{A}$）矩阵的势最优均衡解。

结论 2：当且仅当 $r<(P_{1L}+P_{1H})-2P-2Z$ 时，（违约，履约）是农产品供应链收益分配机制灰博弈势模型的最优均衡解。

证明：在 A（$\ddot{A}$）矩阵中，农户违约的区间灰数 P_{1m}（$\ddot{A}$）相对于农户履约的区间灰数 P_1（$\ddot{A}$）的优势为：

$$SPD_{1m1m\to 11}+IPD_{1m1m\to 11}=\frac{(b_{1m}-b_1)}{b_{1m}-a_{1m}}+\frac{(a_{1m}-a_1)}{b_{1m}-a_{1m}}=\frac{(a_{1m}+b_{1m})-(a_1+b_1)}{b_1-a_1}$$
$$=\frac{(P_{1L}Q-QC_1-ZQ+P_{1H}Q-QC_1-ZQ)-(PQ-QC_1+PQ-QC_1+rQ)}{(P_{1H}Q-QC_1-ZQ)-(P_{1L}Q-QC_1-ZQ_1)}$$
$$=\frac{P_{1H}+P_{1L}-2P-r-2Z}{P_{1H}-P_{1L}}$$

由于 $r<(P_{1L}+P_{1H})-2P-2Z$ 且 $(P_{1H}-P_{1L})>0$，故 $SPD_{1m1m\to 11}+IPD_{1m1m\to 11}>0$，即灰数 $P_{1m}(\ddot{A})$ 相对于灰数 $P_1(\ddot{A})$ 为优势灰数。

也就是说，对农户而言，无论公司是否履约，其选择违约所带来的得益值的灰势至少始终不低于其他所有策略，农户此时一定选择违约；对公司而言，在判断农户一定会选择违约的情况下，其选择履约所带来的得益值的灰势也至少始终不低于其他所有策略。因此（违约，履约）为 $A(\ddot{A})$ 矩阵的势最优均衡解。

结论 3：当 $r>(2P+2Z-2F)-(P_{2L}+P_{2H})$ 时，（履约，违约）是农产品供应链收益分配机制灰博弈势模型的最优均衡解。

证明：在 $A(\ddot{A})$ 矩阵中，公司违约的区间灰数 $P_{2m}(\ddot{A})$ 相对于农户履约的区间灰数 $P_2(\ddot{A})$ 的优势为：

$$SPD_{2m2m\to 2}+IPD_{2m2m\to 2}=\frac{(b_{2m}-b_2)}{b_{2m}-a_{2m}}+\frac{(a_{2m}-a_2)}{b_{2m}-a_{2m}}=\frac{(a_{2m}+b_{2m})-(a_2+b_2)}{b_{2m}-a_{2m}}$$
$$\frac{\{G-(P_{2H}Q+C_2+F_2Q)+G-(P_{2L}Q+C_2+F_2Q)\}-(G-PQ-C_2-rQ+G-PQ-C_2)}{\{G-(P_{2L}Q+C_2+F_2Q)\}-\{G-(P_{2H}Q+C_2+F_2Q)\}}$$
$$=\frac{r+2P-(P_{2L}+P_{2H})-2F_2}{(P_{2H}-P_{2L})}$$

由于 $r>(2P+2Z-2F)-(P_{2L}+P_{2H})$ 且 $(P_{2H}-P_{2L})>0$，故有 $SPD_{2m2m\to 2}+IPD_{2m2m\to 2}>0$。

即 $P_{2m}(\ddot{A})>P_2(\ddot{A})$。也就是说，当灰数 $P_{2m}(\ddot{A})$ 相对于灰数 $P_2(\ddot{A})$ 为优势灰数时，显然对公司而言，无论农户的策略如何，公司均会选择违约。而在公司一定选择违约的情况下，农户选择履约为不利之中的有利，即此时 $A(\ddot{A})$ 矩阵中，（履约，违约）为势最优均衡解。

产品的专用性可以由单位转售成本或单位转购成本 Z 表征，从上文的分析可知，转售成本的不同会对农产品供应链的协同产生不同的影响。其中，当

$Z>(P_{1L}+P_{1H})/2-(2P+r)/2$ 且 $Z>(2P+r-2F)/2-(P_{2L}+P_{2H})/2$ 时，农产品供应链中农户和公司的收益分配得到了合理的机制安排，实现了该农产品供应链协同运行的核心条件。当转售成本 $Z<(P_{1L}+P_{1H})/2-(2P+r)/2$ 或 $Z<(2P+r-2F)/2-(P_{2L}+P_{2H})/2$ 时，农户和公司的博弈均无法得到双方合作均衡解。因此，要实现农产品供应链协同，必须在判断产品专用性强度的基础上，对农产品未来的市场价格进行合理预测，对激励惩罚机制作出合理的安排。鉴于 Z 存在具体量化的困难，在这里只考虑专用性的三种特殊情况，以特例说明农产品的专用性对农产品供应链协同的影响：

（1）当 $Z=0$ 时，即单位转售由或转购成本为零，显然此时产品的专用性最弱，有：

$$0>(P_{1L}+P_{1H})/2-(2P+r)/2$$

即：

$$2P+r>(P_{1L}+P_{1H}) \tag{4.3}$$

且：

$$0>\frac{1}{2}(2P+r-2F_2)-\frac{1}{2}(P_{2L}+P_{2H})$$

即：

$$2P+r<(P_{2L}+P_{2H})+2F \tag{4.4}$$

也就是说，当产品专用性极弱时，奖励和处罚是此条件下唯一合理有效的协同机制，式（4.3）表明合理地制定契约价格并提供一定利润反补，有利于农户和公司协同的形成，但联合条件式（4.4）表明其使用存在一定的适用范围，即当且仅当 $(P_{1L}+P_{1H})<2P+r<(P_{2L}+P_{2H})+2F$ 时，该类农产品供应链的奖励和处罚协同机制才为有效。

（2）当 $Z=\frac{1}{2}(P_{1L}+P_{1H})$ 时，即单位转售或转购成本为其可能获得最大价格的均值，在此情况下博弈方违约时可能获得的最大收益为零，此为博弈方违约的心理拐点，显然此时产品的专用性最强，有：

$$\frac{1}{2}(P_{1L}+P_{1H})>\frac{1}{2}(P_{1L}+P_{1H})-\frac{1}{2}(2F_1+2P+r)$$

即：

$$-\frac{1}{2}(2P+r)<0 \tag{4.5}$$

且：

$$\frac{1}{2}(P_{1L}+P_{1H})>\frac{1}{2}(2P+r-2F)-\frac{1}{2}(P_{2L}+P_{2H})$$

即：

$$(P_{1L}+P_{1H})+(P_{2L}+P_{2H})>2P+r-2F \tag{4.6}$$

式（4.5）、式（4.6）两式显然成立。也就是说，当专用性极强时，奖励和处罚机制（F、r）对农户和公司二级农产品供应链的协同意义很小，只要制定合理的契约价格，农产品的强专用性会自动达成供应链的稳定协同。

（3）当 $Z=\frac{1}{2}(P_{2L}+P_{2H})$ 时，即单位转售或转购成本为其可能获得最大最小价格中的某值，此时博弈方存在违约逐利的可能，此情况表明产品的专用性比较强，有：

$$\frac{1}{2}(P_{2L}+P_{2H})>\frac{1}{2}(P_{1L}+P_{1H})-\frac{1}{2}(2P+r)$$

即：

$$2P+r>(P_{1L}+P_{1H})-(P_{2L}+P_{2H}) \tag{4.7}$$

且：

$$\frac{1}{2}(P_{2L}+P_{2H})>\frac{1}{2}(2P+r-2F_2)-\frac{1}{2}(P_{2L}+P_{2H})$$

即：

$$2P+r<2(P_{2L}+P_{2H})+2F \tag{4.8}$$

也就是说，当产品专用性比较强时，奖励和处罚仍然是合理的协同机制，其适用范围相较 $Z=0$ 时更大，公司对博弈的治理操作比 $Z=0$ 时更为复杂，但当 $(P_{1L}+P_{1H})-(P_{2L}+P_{2H})<2P+r<2(P_{2L}+P_{2H})+2F$ 时，奖励和处罚的协同机制是有效的。

4.1.4　农产品供应链协同机制的案例分析

案例 1[1]

2008 年，衡阳玉泉生态农业发展有限公司与公司周边农户签订冬枣生产购销合同，订单面积 10 万亩，公司依照农户自定的种植计划，确保农户优质种苗种植的需要，有偿提供优质优价种苗，按 110 株 1 亩进行种植，并保证成活率 90%、纯度 98%，如公司提供的种苗纯度达不到 98%，公司负责农户的一切经济赔偿并承担法律责任。农户在向公司根据种苗合同提苗时，苗木款按 80% 付给公司，余款 20% 在回收农户产品中扣除。公司向农户提供长年的生产技术服务指导，对农户所生产的产品保证收获季节按时收购。产品价格按每年衡阳市产地市场价同一品种批发价下浮 10% 计；如果市场价格严重下滑，公司就按最低保证价收购，即按衡阳市产地市场价同一品种批发价上浮 10% 计价，产品按照规定和标准执行。如公司不回收农户产品，或农户不按质按量交售产品，均视违约并赔偿对方一切损失，最终自愿签约农户达到 80%。

在案例 1 中，冬枣属于鲜果类，但其既可以当季上市，也可以简单处理后延后上市；既可以当地上市也可以经长途运输异地上市，因此其专用性相对较弱。根据上文的专用性差异的博弈分析可知，当冬枣基本能以合同的价格转售（即转售成本几乎为 0）时，也就是说此时的转售成本极小，产品的专用性极强。当 Z=0 时，有：

$$0 > \frac{1}{2}(P_{1L}+P_{1H}) - \frac{1}{2}(2P+r)$$

即：

$$2P+r > (P_{1L}+P_{1H}) \tag{4.9}$$

[1] 衡阳玉泉生态农业发展有限公司成立于1999年，以发展冬枣为主导产业，林间套种特种野菜等经济作物为辅，在衡南县鸡笼镇、茅市镇、向阳桥镇、江口镇、祁东风石堰等地建设冬枣全国农业标准化示范推广基地 3080 亩，种苗繁育基地 1000 多亩。十年来公司累计投入资金 5000 多万元，用于枣业开发、建设。该案例来源于衡阳玉泉生态农业发展有限公司与公司周边农户签订冬枣生产购销合同资料。

且：

$$0 > \frac{1}{2}(2P+r-2F_2) - \frac{1}{2}(P_{2L}+P_{2H})$$

即：

$$2P+r < (P_{2L}+P_{2H}) +2F \tag{4.10}$$

由于案例中 $P \in (0.9P_{1L}, 0.9P_{1H})$ 或 $P \in (1.1P_{2L}, 1.1P_{2H})$ 且 r=0.1，显然式（4.9）、式（4.10）均成立。也就是说，当产品专用性极弱时，适当的奖励和处罚有利于农户和公司协同的形成也有利于签约率和履约率的提高。

案例 2[1]

2008 年，舒城县舒农农药种业有限公司与 3800 户农民签订种子生产购销合同，订单面积 10000 亩，合同中明确企业收购价高于市场价格 0.08 ～ 0.15 元 / 市斤，每亩水稻定产 400 公斤，增产 15%，以高于市场价格 0.15 ～ 0.30 元 / 市斤收购。公司违约按合同价格赔偿，2008 年农民每亩地可直接增加收入 150 ～ 300 元。2006 年订单面积已达 18000 亩，订单农户 5000 余户，成交额 1400 万元，计为农民增收 396 万元。农民们说：干过去一样的农活，种子肥料不要你卖，既省心多了，收入也多了。

由于种子的用途较单一，市场销售渠道狭窄，农户通常只能将产品按合同卖给公司，转售成本极大。公司如果违约，一方面会付出等同于市价的赔偿，另一方面会损失信誉影响到未来后续原料供应而损失长期收益，其专用性投资可能因此而沉淀。而从前文的专用性差异的博弈分析可知，当种子只能以一般粮食的价格转售（约种子价格的 10%）时，也就是说此时的转售成本较大，产品的专用性比较强，有：

$$0.9\times(P_{1L}+P_{1H}) > \frac{1}{2}(P_{1L}+P_{1H}) - \frac{1}{2}(2P+r)$$

即：

$$2P+r > -0.8(P_{2L}+P_{2H}) \tag{4.11}$$

$$0.9\times(P_{1L}+P_{1H}) > \frac{1}{2}(2P+r-2F_2) - \frac{1}{2}(P_{2L}+P_{2H})$$

[1] 案例来源于安徽省六安市订单农业调查报告案例来源于安徽省六安市订单农业调查报告。

即：

$$2P+r < 1.8\times(P_{1L}+P_{1H})+(P_{2L}+P_{2H})+2F \tag{4.12}$$

案例 2 中，式（4.11）显然成立，而 $P\in(P_{1H}+0.08, P_{1H}+0.15)$，$r\in(0.15, 0.30)$，分别取 P、r 的最大值 $P=P_{1H}+0.15$、$r=0.30$ 代入式（10），显然式（4.12）也成立。也就是说，由于种子的专用性较强，奖励和处罚在此是合理的协同机制，但其存在一定的适用范围。在案例 2 中，P、r、F 的制定显然在其适用范围之内，因此，种业公司和农户的商品契约的稳定性较高。

案列 3[1]

某"农户 + 公司"型供应链中公司与农民签订农产品购销合同，拟定收获季节单个农户和公司合同成交量 Q 为 700，农户成本 C_1 为 200，公司成本 C_2 为 100，最低收购契约价格 P=1.5，市场价格 $P_{1m}\in[1.6, 2.2]$，$P_{2m}\in[0.8, 1.4]$，公司利润为 4000，F_1=0.2，F_2=1 如果公司利润反补为 r，为了保证供应链的协同稳定，公司可以采取一定的利润补偿机制能使灰博弈矩阵达到自动均衡。

根据上述条件，可以得到下列灰博弈矩阵：

$$A(\ddot{A})=\begin{vmatrix} P_1(\ddot{A}),P_2(\ddot{A}) & F_2Q,P_{2m}(\ddot{A}) \\ P_{1m}(\ddot{A}),\ F_1Q & 0,\quad 0 \end{vmatrix}=\begin{vmatrix} (850,850+700r),(2850-700r,2850) & 700,(2220,2640) \\ (780,\quad 1200), & 140 \quad 0,\quad 0 \end{vmatrix}$$

根据上文对农户和企业双方灰博弈矩阵各种情况下的最优解的分析可知，当 $(P_{1L}+P_{1H})-2(F_1+P) < r < (P_{2L}+P_{2H})+2(F_2-P)$ 且 $F_1 < \frac{1}{2}(P_{1L}+P_{1H})-P$、$F_2 > P-\frac{1}{2}(P_{2L}+P_{2H})$、$F_1+F_2 > \frac{1}{2}(P_{1L}+P_{1H})-\frac{1}{2}(P_{2L}+P_{2H})$ 时，即 $0.4 < r < 1.2$ 且 $F_1 < 0.4$、$F_2 > 0.4$、$F_1+F_2 > 0.8$ 时，（履约，违约）为"灰势—纯策略上策"。

$$SPD_{11\to 1m1m}+IPD_{11\to 1m1m}=\frac{(a_1+b_1)-(a_{1m}+b_{1m})}{b_1-a_1}=\frac{700r-280}{700r}$$

由于 $r > 0.4$，故 $SPD_{11\to 1m1m}+IPD_{11\to 1m1m} > 0$，即 $P_1(\ddot{A}) > P_{1m}(\ddot{A})$。

$$SPD_{22\to 2m2m}+IPD_{22\to 2m2m}=\frac{(a_2+b_2)-(a_{2m}+b_{2m})}{b_2-a_2}=\frac{840-700r}{700r}$$

---

[1] 案例是根据本节灰博弈模型的均衡与分析并以模型的假设为基础进行的数据模拟。

由于 $r < 1.2$，故 $SPD_{22\to 2m2m} + IPD_{22\to 2m2m} > 0$，即 $P_2(\ddot{A}) > P_{2m}(\ddot{A})$。

当 $P_1(\ddot{A}) > P_{1m}(\ddot{A})$ 且 $P_2(\ddot{A}) > P_{2m}(\ddot{A})$ 时，无论对公司还是农户，其履约策略的得益值的灰势至少始终不低于其他所有策略，履约均为双方的灰势—纯策略上策，因此（履约，履约）是上述条件下灰博弈矩阵的均衡解（图 4-1 中正三角形表示部分）。也就是说，要保持该“农户 + 公司”型供应链长期协同稳定的发展，激励和惩罚机制的执行与实施必须选择在 $0.4 < r < 1.2$ 且 $F_1 < 0.4$、$F_2 > 0.4$、$F_1+F_2 > 0.8$ 这一合理区间。

另外，当 $r > 1.2$ 时，$SPD_{2m2m\to 22} + IPD_{2m2m\to 22} = \left(700r - 840\right) / \left(P_{2H} - P_{2L}\right) > 0$，即 $P_{2m}(\ddot{A}) > P_2(\ddot{A})$，也就是说，公司选择违约策略可以带来至少不低于其他策略的得益值，违约为其灰势—纯策略上策；而农户按不利之中的有利原则选择策略履约，也可以带来至少不低于其他策略的得益值，违约为其灰势—纯策略上策，因此策略组合（履约，违约）是博弈双方的最优策略（图 4-1 中倒三角形表示部分）。同理当 $r < 0.4$ 时，$P_{1m}(\ddot{A}) > P_1(\ddot{A})$，（违约，履约）为 $A(\ddot{A})$ 灰矩阵势最优均衡解（图 4-1 中矩形表示部分）。

从上述分析可知，要使该“农户 + 公司”型供应链协同稳定地发展，“奖罚并用”是合理有效的协同激励和约束机制。但奖罚均存在一定的有效区间。因此，在农户和公司的博弈中，公司是该农产品供应链协同运行中执行奖罚的核心主体，公司有必要在密切农产品市场的价格动态、制定合理的利润返还和违约惩罚政策的基础上，加强与政府职能部门合作，充分利用相关职能部门的强大的监督和约束作用，以帮助奖罚协同机制的顺利实施，实现供应链协同、稳定地发展。

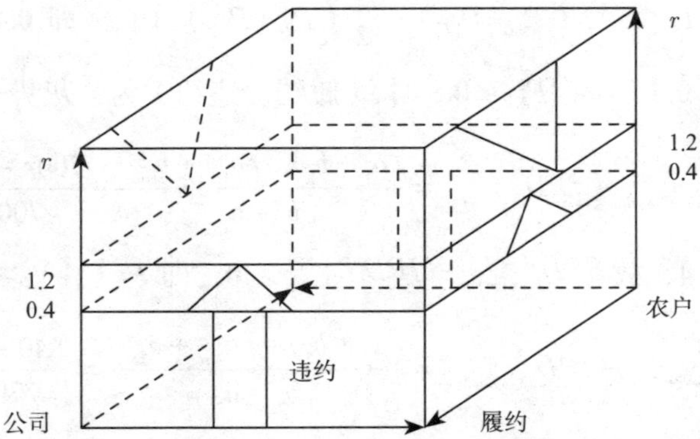

图4-1　r 变化时农户和公司博弈均衡示意图

4.2 基于期权+保险的农产品供应链协同机制分析

4.2.1 农产品期权和农业保险

4.2.1.1 农产品期权

我国农产品供应链最主要的组织形式为“农户＋农产品加工公司＋分销商＋消费者”，在这个简化的“农户＋公司”型供应链中，公司的下游链与传统工业供应链主体构成基本相同，其协同的模式可以找到完整的参考对象；公司的上游链则体现了农产品生产与价格不稳定的特点，这种基于农业生物特性形成的农产品供给不稳定会导致“农户＋公司”型农产品供应链的协同出现较大的困难。

市场经济下的农业是典型的风险型产业，易于受到多种不确定性因素的影响，其中最主要的不确定性因素包括两类：一是市场风险导致的价格不稳定，其由市场各类因素单独或复合引起并直接影响农产品供应链上游链的稳定性；二是自然风险的影响，自然灾害如旱灾、水灾、雪灾及虫害等一系列不可抗力的不确定性因素，会通过市场传导机制导致农产品供给的不确定，并间接地作用于公司上游供应链的稳定性。

从国内外相关研究及实践来看，订单农业是解决农业风险的一种主要的生产流通组织形式。所谓订单农业，是指在农业生产之前，农民以个人或组织的形式与农产品收购方就确定的产品品种、数量和质量签订购销合同，实行现款收购，农户则按契约决策生产投入，按时按质按量交货的一种农业一体化经营形式。订单农业对解决我国的“小生产，大市场”矛盾起到了一定的积极作用，但由于我国的农业发展现实条件的限制，订单农业在实践操作过程中出现了一系列不容忽视的现象和问题。机制不健全、“拉郎配”行为严重、质量标准纠纷、价格风险、自然风险等一系列的问题使订单农业举步维艰。其中，契约价格作为订单农业的核心，并没有消除或规避企业和农户面临的价格风险；而自然风险通常作为订单农业的免赔特例条款，由于其自然属性使违约现象更加难以界定，也进一步加剧了“农户 + 公司”型的农产品供应链协同的不稳定。

期货市场作为一种更高级的市场形式，不仅能够有效地回避风险，也可以为订单农业的运行提供载体（王国敏等，1995）。期货市场的最重要功能是风险转移和价格发现。首先，期货市场具有分散风险和套期保值的功能。现货市场无法避免因市场价格的频繁波动而产生的价格风险，期货交易则能通过利用与现货交易方向相反的期货操作进行套期保值，以锁定生产者和经营者的未来收益。其次，期货市场具有价格发现功能。交易的频繁和现代信息技术的迅猛发展使期货市场价格具有很强的预期性和真实性，能够比较真实地反映未来市场供求的基本状况，也能对未来各个时期的潜在需求进行超前调节。期货市场这种“远期真实价格”的显示机制，可为订单农业提供合理化的参考价格，减少了市场经济中农业生产的盲目性和波动性，进而减少了农产品供给的大幅度波动，保证了一定时期农产品供求的基本平衡。

期权（Option）是适应国际上金融机构和企业等控制风险、锁定成本需要而出现的在期货基础上产生的一种新型金融工具。所谓期权，是指在未来一定时期可以买卖的权利，是买方向卖方支付一定数量的金额（权利金）后拥有的在未来一段时间内（美式期权）或未来某一特定日期（欧式期权）以事先规定好的价格（履约价格）向卖方购买或出售一定数量的特定标的物的权利，权利方不负有必须买进或卖出的义务。在期权的交易时，购买期权的合约方称作买方，而出售合约的一方则叫作卖方；买方即是权利的受让人，而卖方则是必须履行买方行使权利的义务人。期权主要由以下四个要素构成：

①执行价格，又称履约价格。是指期权的买方行使权利时事先规定的标的物买卖价格。

②权利金。或称期权费，是指期权的买方为获得期权而付给期权卖方的费用。

③履约保证金。是指为了交易的信用期权卖方必须存入交易所用于履约的财力担保。

④看涨期权和看跌期权。看涨期权又称买权，是指在期权合约有效期内按执行价格买进一定数量标的物的权利；期权持有人以一定的权利金买进一定敲

定价格的看涨期权后，便可享有买入相关期货的权利。一旦价格如期上涨，便以对冲、转换的形式履行看涨期权，获得差价利润。看跌期权又称卖权，是指按照合约卖出标的物的权利。通常情况下，当期权买方预期标的物履行期的价格会低于敲定价格时，他就会买进看跌期权，如看涨弃权相反，一旦价格如期下跌，便以对冲、转换的形式履行看跌期权，获得差价利润。

4.2.1.2　农业保险

建设社会主义新农村，是党中央统筹城乡发展的重大战略决策，是新时期做好“三农”工作的行动纲领。建设社会主义新农村的核心在于“粮食增产、农业增效、农民增收”。但是，由于我国农业自然灾害发生频率高、强度大、灾害损失承受能力薄弱，致使许多农民“因灾致贫，因灾返贫”，严重影响了农村经济的发展和新农村建设的顺利进行（表4-2）。

农业保险是规避农业风险、实施农业保护、提供经济保障的一项手段和方式。2004年中央“一号文件”首次提出我国应“加快建立政策性农业保险制度，选择部分产品和部分地区率先试点，有条件的地方可对参加种养业保险的农户给予一定的保费补贴”，此后连续八年中央“一号文件”都对政策性农业保险的发展提出了具体要求，并逐年增加农业保险试点的覆盖面，加大中央财政对西部地区的保费补贴力度。所谓农业保险，是指专门为农业生产者在从事种植业和养殖业等生产过程中，对遭受自然灾害和意外事故所造成的经济损失提供的一种特殊的经济补偿制度。农业保险涵盖农业经济的各个方面，包括农林牧副渔等农业生产经营活动。现阶段，我国试点的农业保险制度模式存在多种类型：一是政策性公司经营模式，即由地方出资设立的专业性农业保险公司。二是商业性公司代办模式，是通过保险公司、农村金融机构开展的农业保险代办业务。三是商业保险公司经营模式，目前主要由中国人保、中华联合等20多家商业性保险公司在不同省份开展了部分种植养殖保险。四是相互制农业保险模式，即不以赢利为目的的由地方农联组织和政府共同出资设立的专业性农业保险机构或公司。

表4-2 2001—2012年我国农作物受灾及保险基本情况

年份	受灾面积（万 hm^2）	成灾面积（万 hm^2）	成灾占受灾比（%）	全国农险保费收入（亿元）	农险占财险收入比（‰）
2001	5221	3179	60.9	3.0	0.044
2002	4695	2716	57.9	3.0	0.039
2003	5451	3252	59.7	5.0	0.058
2004	3711	1630	43.9	4.0	0.037
2005	3882	1997	51.4	7.0	0.057
2006	4109	2463	59.9	8.0	0.053
2007	4899	2506	51.2	53.0	0.265
2008	3999	2228	55.7	110.7	0.474
2009	4721	2123	45.0	133.8	0.465
2010	3743	1854	49.5	135.7	0.348
2011	3247	1244	38.3	173.8	0.376
2012	2496	1147	46.0	240.6	0.451

资料来源：中国统计年鉴 . 北京：中国统计出版社，2000—2013.

农业保险本质上是一种市场化的风险转移机制，农业保险的经济补偿与风险保障功能在分散农业生产风险、稳定农业生产和农民收入、安定农民生活以及促进农业产业化发展等方面能够发挥独特的作用。农业保险的资金融通功能在促进农村金融的发展、完善农村金融体系方面也发挥着重要作用。农业保险的本质和功能决定了农业保险在减轻农业风险威胁、促进农业产业化及农业产业结构升级、建设社会主义新农村等方面有着重要的现实意义。

4.2.2 基于“期权＋保险”的农产品供应链协同灰博弈模型构建与分析

根据当前我国农业、农村、农民的基本情况，结合农产品同时面临的市场风险、自然风险的特点，运用期权理论和保险理论对农户和公司的利益与风险做出合理的分配，以实现农民和公司与期权市场和保险市场的对接，形成利益共享和风险共担的农产品供应链收益分配协同运作机制，对于稳定农产品生产、平衡农产品供求、促进农业产业化及建设社会主义新农村中有着重要的现实意义。

4.2.2.1　模型的基本框架

在农产品供应链的框架模型（图 4-2）中，农户可以自发组建符合自身利益的农联组织，如农民专业合作社、互助社等，并利用该组织的法人地位与农产品加工公司签订订单合同，自主进入期货期权市场以发现价格或套期保值。农户通过农联组织管理农产品市场风险的一般操作方法是：持有与农产品订单合同执行时间、数量与价格完全相同的看跌期权（即卖权）。当期权到期时如果农产品的市场价格低于敲定价格（即订单契约价格），可以通过行使卖权获取期权利润差价；当期权到期如果农产品的市场价格高于敲定价格时，可以放弃执行期权，此时权利金的损失可以通过较高的农产品市场价格得以弥补。另外，农联组织以农户的法人代表与政府农业管理机构（如农业局等）、金融机构进行农业保险和农业补贴、农业信贷的接洽与核算，以规避农业生产的自然风险，稳定农业生产经营收益。

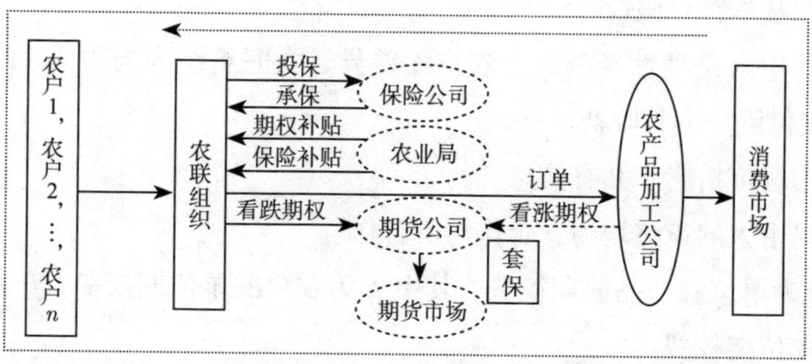

图4-2　基于“期权+保险”的农产品供应链协同机制框架模型简图

农产品加工企业也可以通过期权期货部门或期货经纪中介参与期权期货市场，利用期货市场的“真实价格发现功能”作经营决策参考，并通过参与期权市场进行套期保值来管理契约农产品的价格风险。农产品加工企业参与期权市场进行套期保值的一般做法为：买入与农产品订单合同执行时间、数量与价格完全相同的看涨期权（即买权）。当期权到期时市场价格低于敲定价格（即订单契约价格）时，公司可以放弃执行期权，此时损失的少量权利金可以通过较低的市场购入价得到补偿。当期权到期时的市场价格高于敲定价格时，可以通过行权获取期权利润差价。因此，农产品加工企业通过参与期权期货市场，也可以有效规避作为生产原料的农产品的价格波动风险，提高公司生产经营中抵御市场风险的能力。

4.2.2.2　模型假设

理顺农户和公司之间最为核心的利益和风险分配关系，创建合理有效的供应链协同机制，是提高整个农产品供应链协同水平、实现供应链整体优化的关键所在。考虑到农业生产同时面临市场风险和自然风险而导致的博弈双方损益值的不确定，本节拟用一个灰矩阵博弈模型来探讨基于期权和保险的农产品供应链协同稳定机制。

现将农户的代表农联组织和公司基于价格区间灰数的博弈问题，记为 $G(\ddot{A})=\{S_1, S_2, A(\ddot{A})\}$，其中：$S_1=\{\alpha_1, \alpha_2\}$ 为局中人农联组织的策略集，$S_2=\{\beta_1, \beta_2\}$ 为局中人农产品加工公司的策略集，$A(\ddot{A})$ 为局中人根据共有信息得到的用区间灰数表征的灰损益值矩阵。为了构建灰损益矩阵，先对模型作前提条件和基本符号假设：

（1）局中人是理性经济人，农户无差异，农联组织为局中人 1，公司为局中人 2，支付函数为其收益。

（2）市场价格属于共有信息。

（3）局中人的策略均为：合作与不合作。

（4）f 为单位农产品的期权费，其中 f_1 为农户的单位期权费；f_2 为农产品加工公司的单位期权费。

（5）P_0 为公司加工品的竞争性单位市场价格（只能接受市场价格，即 P_0 不变）。

（6）P_c 为双方合作时的契约价格。

（7）P_1 为期权到期时的农产品市场价格，$P_1 < P_c+f$。

（8）P_h 为期权到期时的农产品市场价格，$P_h > P_c+f$。

（9）C_1 为农户单位产量投入成本。

（10）C_2 为公司单位产出加工成本。

（11）b为农户的单位农产品灾害保险费，灾害损失以契约价格 P_c全额赔付。

（12）r_1 为农业局对农户的单位农产品期权费补贴。

（13）r_2 为农业局对农户的单位农产品灾害保险费补贴。

（14）z 为农产品发生灾害时的损失比例。

（15）w 为农产品发生 z 比例的灾害损失时的概率。

（16）Q 为农户与公司签订的契约收购数量。

（17）$\prod_{nh1}$ 为农联组织在期权到期、市场价格为 p_h、双方合作时的收益。

（18）$\prod_{nh2}$ 为农联组织在期权到期、市场价格为 p_h、双方不合作时的收益。

（19）$\prod_{gh1}$ 为农产品加工公司在期权到期、市场价格为 p_h、双方合作时的收益。

（20）$\prod_{gh2}$ 为农产品加工公司在期权到期、市场价格为 p_h、双方不合作时的收益。

（21）$\prod_{nl1}$ 为农联组织在期权到期、市场价格为 p_l、双方合作时的收益。

（22）$\prod_{nl2}$ 为农联组织在期权到期、市场价格为 p_l、双方不合作时的收益。

（23）$\prod_{gl1}$ 为农产品加工公司在期权到期、市场价格为 p_l、双方合作时的收益。

（24）$\prod_{gl2}$ 为农产品加工公司在期权到期、市场价格为 p_l、双方不合作时的收益。

（25）E 为数学期望。

考虑到模型的简便和实用，本模型的博弈环境为完全信息静态博弈。即双方面临的市场价格及成本收益结构等均为共有信息。双方的区间灰数损益值也均以灾害发生与不发生两种状态的期望值来表示。

4.2.2.3　模型分析

在图 4-2 的农产品供应链产品模型中，农户在农业生产经营中的收益取决于契约价格、生产产量两个基本要素外，还受到政府补贴、保险费和期权费及期权到期时的农产品市场价格的影响；公司在农业生产经营中的收益则取决于加工产品面临的完全竞争的市场价格、作为原材料的农产品契约收购数量及持有期权的状况；而灾害的发生对二者存在不同的影响。对农户来说，灾害发生时，农户可以从保险公司获得损失产量等同于市场价格的收益；公司则为了生产经营活动的正常进行，其必须以当时的市场价格购入因灾害发生而不能正常履约的农产品数量。当农产品供应链的博弈双方同时面临市场风险和自然风险时，双方期望损益值为灰数函数其构成的灰损益矩阵 $A(\ddot{A})$ 为（表4-3）：

表4-3　农产品供应链协同中的期望收益灰博弈矩阵

n		g	
		合作	不合作
	合作	$(E\prod_{nh1}, E\prod_{nl1}), (E\prod_{gl1}, E\prod_{gh1})$	$(E\prod_{nh1}, E\prod_{nl1}), (E\prod_{gh2}, E\prod_{gl2})$
	不合作	$(E\prod_{nl2}, E\prod_{nh2}), (E\prod_{gl1}, E\prod_{gh1})$	$(E\prod_{nl2}, E\prod_{nh2}), (E\prod_{gh2}, E\prod_{gl2})$

（1）当期权到期前农产品的市场价格为 $P_h > P_c+f$ 时，由于农户持有的是看跌期权即卖权，此时期权失去了其内在价值，农户显然会放弃执行期权，故以 w 的概率发生 z 损失时农户合作和不合作的期望收益分别为：

$$E\prod_{nh1}= w(1-z)Q(p_c-c_1)+Q(r_1+r_2-f_1-b)+w^*z^*Q(p_h-c_1)+(1-w)Q(p_c-c_1)$$
$$= Q(p_c-c_1-f_1-b+r_1+r_2)+w^*z(p_h-p_c)$$

$$E\prod_{nh2}= w(1-z)Q(p_h-c_1)+Q(r_1+r_2-f_1-b)+w^*z^*Q(p_h-c_1)+(1-w)Q(p_h-c_1)$$
$$= Q(p_c-c_1-f_1-b+r_1+r_2)+Q(p_h-p_c)$$

（2）当期权到期前农产品的市场价格为 $P_l < P_c+f$ 时，由于农户持有的是看跌期权即卖权，此时期权具有 $(P_c-P_l)Q$ 的内在价值，农户显然会以期权对冲形式执行期权，故以 w 的概率发生 z 损失时农户合作和不合作的期望收益分别为：

$$E\prod_{nl1}= w(1-z)Q(p_c-c_1)+wzQ(p_l-c_1)+Q(r_1+r_2-f_1-b)+Q(p_c-p_l)+(1-w)$$
$$Q(p_c-c_1-f_1-b+r_1+r_2)$$
$$= Q(p_c-c_1-f_1-b+r_1+r_2)+Q(1-wz)(p_c-p_l)$$

$$E\prod_{nl2}=w(1-z)Q(p_l-c_1)+wzQ(p_l-c_1)+Q(r_1+r_2-f_1-b)+Q(p_c-p_l)+(1-w)Q(p_l-c_1)$$
$$= Q(p_c-c_1-f_1-b+r_1+r_2)$$

（3）当期权到期前的农产品市场价格为 $P_h > P_c+f$ 时，由于公司持有的是看涨期权即买权，此时期权具有 $(P_c-P_l)Q$ 的内在价值，公司显然会以期权对冲形式执行期权，故以 w 的概率发生 z 损失时公司合作和不合作的期望收益分别为：

$$E\prod_{gh1}= w(1-z)Q(p_0-p_c-c_2)+(1-w)Q(p_0-p_c-c_2)+wzQ(p_0-p_h-c_2)$$
$$+(p_h-p_c)Q-Qf_2$$
$$= Q(p_0-p_c-c_2-f_2)+Q(1-wz)(p_h-p_c)$$

$E\prod_{gh2}= wQ(p_0-p_h-c_2-f_2)+(1-w)Q(p_0-p_h-c_2-f_2)+Q(p_h-p_c)$

$= Q(p_0-p_c-c_2-f_2)$

（4）当期权到期前农产品的市场价格为 $P_l < P_c+f$ 时，由于公司持有的是看涨期权即买权，此时期权失去了其内在价值，公司显然会放弃执行期权，故以 w 的概率发生 z 损失时公司合作和不合作的期望收益分别为：

$E\prod_{gl1}= w(1-z)Q(p_0-p_c-c_2)+wzQ(p_0-p_l-c_2)+(1-w)Q(p_0-p_c-c_2)-Qf_2$

$= Q(p_0-p_c-c_2-f_2)+wzQ(p_c-p_l)$

$E\prod_{gl2}= w(1-z)Q(p_0-p_l-c_2)+wzQ(p_0-p_l-c_2)+(1-w)Q(p_0-p_l-c_2)-Qf_2$

$=Q(p_0-p_c-c_2-f_2)+Q(p_c-p_l)$

从表4-4可知，无论是农户还是公司，由于面临动态的市场价格，它们的期望损益值均在一个区间波动，为一个区间灰数，为了分析的便利，分别令：

$P_1(\ddot{A})\in(a_1,\ b_1)=(E\prod_{nh1},\ E\prod_{nl1})$；

$P_2(\ddot{A})\in(a_2,\ b_2)=(E\prod_{nl2},\ E\prod_{nh2})$；

$P_3(\ddot{A})\in(a_3,\ b_3)=(E\prod_{gl1},\ E\prod_{gh1})$；

$P_4(\ddot{A})\in(a_4,\ b_4)=(E\prod_{gh2},\ E\prod_{gl2})$；

表4-4　不同价格情况下农户和公司的损益期望值矩阵

类型	合作		不合作	
	p_h	p_l	p_h	p_l
农户	Q^*x	$Q^*x+Q(pc-pl)$	$Q^*x+Q(1-wz)(p_h-p_c)$	$Q^*x+wzQ(p_c-p_l)$
公司	$Qy+Q(1-wz)(p_h-p_c)$	$Qy+wzQ(p_c-p_l)$	Qy	$Qy+Q(p_c-p_l)$

注：其中 $x=(p_c-c_1-f_1-b+r_1+r_2)$，$y=Q(p_0-p_c-c_2-f_2)$。

当 $p_c > p_h(1-wz)+wzp_l$ 时，（履约，履约）是农产品供应链收益分配协同机制灰博弈势模型的最优均衡解。

证明：在 $A(\ddot{A})$ 矩阵中，灰数 $P_3(\ddot{A})$ 相对于 $P_4(\ddot{A})$ 灰数的灰数优势：

$$SPD_{33\to44}+IPD_{33\to44}=\frac{(b_3-b_4)+(a_3-a_4)}{b_3-a_3}$$

而：

$$b_3-a_3=E\prod_{gl1}-E\prod_{gh1}=Q(1-wz)(p_h-p_c)-wzQ(p_c-p_l)$$
$$=(1-wz)p_h+wzp_l-p_c$$
$$a_3-a_4=E\prod_{gl1}-E\prod_{gh2}=wzQ(p_l-p_c)$$
$$b_3-b_4=E\prod_{gh1}-E\prod_{gl2}=Q(1-wz)(p_h-p_c)-Q(p_c-p_l)$$
$$(a_3-a_4)+(b_3-b_4)=Q(1-wz)(p_h+p_l-2p_c)$$

$$SPD_{33\to44}+IPD_{33\to44}=\frac{(p_h+p_l-2p_c)(1-wz)}{p_h(1-wz)+wzp_l-p_c}$$

因为 $\{p_h(1-wz)+wzp_l\}-(p_h+p_l)/2=(1-2wz)(p_h-p_l)$，根据我国农业的生产情况，只有当 $w\geqslant70\%$ 且 $z\geqslant70\%$ 时 wz 才有可能大于或等于 0.5，这意味着每年的农业生产面临着 70% 以上概率发生 70% 以上的农产品灾害损失，这显然不符合任何国家的农业生产实际。

$(1-2wz)(p_h-p_l)>0$，由此可知 $p_h(1-wz)+wzp_l>(p_h+p_l)/2$，结合不等式 $p_c>p_h(1-wz)+wzp_l$，显然有 $p_c>(p_h+p_l)/2$，故 $SPD_{33\to44}+IPD_{33\to44}>0$，灰数 $P_3(\ddot{A})$ 相对于灰数 $P_4(\ddot{A})$ 为优势灰数 。

在 $A(\ddot{A})$ 矩阵中，灰数 $P_1(\ddot{A})$ 相对于灰数 $P_2(\ddot{A})$ 的灰数优势为：

$$SPD_{11\to22}+IPD_{11\to22}=\frac{(b_1-b_2)}{b_1-a_1}+\frac{(a_1-a_2)}{b_1-a_1}=\frac{(a_1+b_1)-(a_2+b_2)}{b_1-a_1}$$

而 $b_1-a_1=E\prod_{nl1}-E\prod_{nh1}=Q(p_c-p_l)$

$$a_1+b_1=E\prod_{nh1}+E\prod_{nl1}=wz(p_h-p_c)+Q(1-wz)(p_c-p_l)+2Qx$$
$$a_2+b_2=E\prod_{nl2}+E\prod_{nh2}=Q(p_h-p_c)+2Qx$$

故：

$$SPD_{11\to22}+IPD_{11\to22}=\frac{(1-wz)(2p_c-p_h-p_l)}{p_c-p_l}$$

显然 $(1-wz)>0$，$(p_c-p_l)>0$ 且 $p_c>p_h(1-wz)+wzp_l>(p_h+p_l)/2$，故 $SPD_{11\to22}+IPD_{11\to22}>0$，灰数 $P_1(\ddot{A})$ 相对于灰数 $P_2(\ddot{A})$ 为优势灰数。

也就是说，当 $p_c>p_h(1-wz)+wzp_l$ 时，灰数 $P_1(\ddot{A})$ 相对于灰数 $P_2(\ddot{A})$ 为优势灰数且灰数 $P_3(\ddot{A})$ 相对于灰数 $P_4(\ddot{A})$ 为优势灰数。即当 $p_c>p_h(1-wz)+wzp_l$ 时，对农户而言，无论公司是否履约，其选择履约所带来的损益值的灰势至少始终不低于其他所有策略，履约是农户不利之中最有利之策略；对公司而言，无论农户是否履约，其选择履约所带来的损益值的灰势也至少始终不低于其他所有策略，履约是公司不利之中最有利之策略。因此（履约，履约）为 A（$\ddot{A}$）矩阵的势最优均衡解。

4.3　本章小结

农产品供应链是一种相互依赖的混合治理结构，其通过契约合作或专用性投资等建立紧密的合作关系以满足不确定性环境的要求。供应链协同是提升供应链整体竞争力的关键要素，良好供应链的协同效果建立在高效的协同机制上，只有建立合理高效的协同机制尤其是利润和风险分配机制，供应链协同的稳定态才能得到长期保持。

产品专用性主要体现在其自然属性和市场属性上。当农产品存在专用性差异且面对动态价格环境时，其损益值为灰数函数，博弈灰矩阵要实现均衡，表征产品专用性的转售成本需要满足一定的条件，即要实现农产品供应链协同，必须在判断产品专用性强度的基础上，对农产品未来的市场价格进行合理预测，对激励惩罚机制作出合理的安排。期权的价格发现和套期保值、农业保险的经济补偿与风险保障有利于农民和公司与期权市场的对接，有利于促进农产品供应链收益分配协同运作机制的形成与实施，对于稳定农产品生产、平衡农产品供求、促进农业产业化及农业产业结构升级、建设社会主义新农村中有着重要的现实意义。

综上所述，要使该“农户 + 公司”型农产品供应链协同稳定地发展，“奖罚并用”是合理有效的协同激励和约束机制，期权和保险是有效的风险规避和损失补偿机制。因此，在农产品供应链中，公司和农户作为供应链协同运行中核心主体，有必要在密切农产品市场的价格动态、协定合理的奖惩政策的基础上，加强与期权市场和保险市场的联系，充分利用两个市场的强大的价格发现与风险管理职能，以促进供应链收益分配协同运作机制的形成与实施，实现农产品供应链协同、稳定地发展。

第5章 农产品供应链协同的信任机制研究

信任是农产品供应链协同合作的基础和保障，是维系节点成员间合作效能与存续的重要机制，影响并决定供应链中成员间的交易行为和交易方式。本章将在对农产品供应链中的信任的定义、特征及影响因素进行简单介绍的基础上，针对农产品供应链中核心节点间的相互关系，基于动态价格构建一般化的信任进化灰博弈模型，旨在阐释农产品供应链协同中核心节点对“信任”和“不信任”的策略学习过程，以明晰农产品供应链协同中信任机制的运作机理。

5.1 信任的定义及特征

5.1.1 信任的定义

据《牛津英语字典》(1971 版)对信任的界定，信任是对人、事件或者事实的属性所拥有的信心。对于信任的概念和本质，目前尚没有一个统一的认识，不同学科或不同视角存在不同的理解和不同的观点。

对信任的最早研究可以追溯到古希腊哲学，其出发点为从信任关系中描绘信任的本质(贝利，2002)。例如哲学家拜尔(Baier，1994)认为信任的不确定性和利己主义使信任者具有一定的认识困难，施信者必须承受受信者滥用信任的风险。政治哲学家福山(Fukuyama，1995)则认为“社会资本就是一种来自社会或社会中某个特定部分的信任盛行的接受力，由信任激发的社交性是一种团体间的价值共享和习惯。”

部分学者也从心理学角度对个体间的信任进行了研究，认为人格特征及由此而导致的早期生活和人际关系的差异是影响信任关系的重要因素。在合作或竞争的条件下，信任是合作双方事前的心理预期，或者说对对方做出某种选择的信心。如罗特(Rotter，1967)认为信任是“个体或团队对另一方合作范围内所作所为的期望或信心”。安德森和科菲安(Anderson and Coughian，1987)认为信任是合作双方接受短期混乱的心理承受能力，并认为混乱将会在长期的信心培养或巩固中消失。麦克阿尔斯特(Mc Alhster，1995)强调了信任中诺言、行为以及决定的重要性，认为信任是在一方施信基础上另一方愿意合作的信心程度。郑也夫(2001)则认为，信任是指在交往或合作中他人行为或周围秩序符合自己期望的一种心理态度。另外，也有部分学者从信任影响因素如伙伴的可靠性、道德水平及双方的依赖程度等视角探讨信任的本质。如麦克马纳塔尔(Mcormanatal，1993)认为信任是“合作中愿意依赖交易伙伴的信心”。摩根和亨特(Morgan and Hunt，1994)提出信任是合作中一方对另一方的可靠性和正直度的信心认知程度的反馈。科钦斯基(Korczynski，2000)进一步指出，信任是指合作方相信对方不会利用自己弱点的信心。也有学者认为信任与主体的风险偏好和关系倾向密切相关，个体的风险偏好和关系倾向越强，其对长期稳定合作的偏好就越明显。

社会学也从制度的视角探讨了影响信任的关键因素。在社会科学中，信任通常归属为一种制度和文化上的依赖关系，是一种对未知行动符合自身期待的信念。例如福山（Fukuyama，1995）认为人们对制度环境的信任程度与国家的运行效率密切相关，人们对制度潜在的信任水平是国家经济发展与竞争能力的重要影响因素，其中信心、意愿和行为是信任产生的驱动因素。麦克奈特塔尔（Mc Knightetal.，1998）认为信任部分来源于环境的正态性（Situational Normality），这种环境正态性是指客户具有对法律或规章基于制度的信任。信任具有经济学意义上的边际成本，信任环境需要长期的成本付出。当信任环境得以建立时，其边际成本支出将越来越少，信任程度却日益加深。因此，威廉姆森、阿罗以及新制度经济学等认为信任是经济交往的润滑剂，将交易成本和部分经济落后现象归结为交易双方的信任缺失。

信任也是近年来经济学、管理学研究的重要对象之一。从经济学角度来看，信任是风险的子集，是一个主观的概率水平，人们靠其来判断他人的行为；从管理学角度来看，信任是一方选择放弃对另一方的管控能力，并相信另一方会做出有利自己的行为。例如霍斯默（Hosmer，1995）认为信任是个体在面临不可预料事件时衡度损益后所做出的非理性决策行为。即当某种不确定性风险难以准确度量时，理性个体因某种机制的作用而放弃选择个人效用最大化的非理性行为，这种机制即为信任。信任机制使“理性经济人”产生利他的动机，从而改变经济个体之间交易的效率。如果交易活动中缺乏信任，交易主体就会花费大量资源对交易另一方进行度量与监督以防上当受骗麦基恩（McKean，1975），因此信任有利于降低交易成本。信任是有价值的、稀有的、难于模仿的且不可替代的（迈克尔等，2002）。它是一种资源，并以共同资产的形式存在（罗伯特，2002），能为企业带来竞争优势或超额回报。总之，信任本质上属于一种系统简化机制，它可以有效简化环境和系统的复杂性，使环境和系统的运行更为有序和高效（卢曼）。

5.1.2 信任的特征

信任从哲学、心理学、社会学、经济学及管理学等不同的学科或视角具有不同的表述形式，但从本质和特征来说仍然具有统一性。总结来看，信任具有以下五方面的特征：

（1）不确定性和风险性是信任的核心。首先，信任是源自不确定性和风险性的内在需求。在没有不确定性和风险的情形下，信任毫无意义。反过来，在充满信任环境下，不确定性和风险导致的损失也必然降至最低。其次，信任意味着施信方愿意将未加保护的弱点呈现于受信方面前。如果受信方的行为按施信方的意愿发生，施信方面临的不确定性风险就会降至如其期望的最低水平；反之，施信方必然面临信任失效的损失。从这个角度来看，信任本身又产生了新的风险。

（2）信任的程度与非对称性。信任具有连续的程度区间，完全信任、一般信任及完全不信任是信任的连续谱续，表征信任的不同程度。完全信任是指合作双方认同彼此的信仰、都相信对方不会采取不利于已的行为。一般信任是指施信方对受信方的行为预期具有一定的不确定性。完全不信任则指施信方对受信方实施机会主义行为的可能具有极高的把握。在合作关系中，当双方对彼此具有不同的信任程度时，信任就具有了不对称性。

（3）信任的经验性。信任是合作双方逐步建立的、在长时间相互合作中双方相同信任观的经验性积累。信任的经验性指信任是人们对过去合作经验的积累、评价和总结，是实践经验的产物。通过对直接或者间接合作经验的评价，施信方据此选择可资信任的受信方，并基于信任开始或维持双方的合作。

（4）信任的传染性。在具有一定不确定性和风险的合作关系中，当一方对另一方施予信任态度时，另一方可能会因受到信任而做出值得信任的行为，反之亦然。合作关系中信任与不信任在一定条件下具有相互“传染性”。

（5）信任的建立与消失在速度上的不对称性。信任的建立不仅需要时间的投入，而且需要成本的投入。信任的时间投入表现在信任是合作关系持续、连续、长期的经验积累，而信任成本则包括机会主义行事成本和履约成本。尽管信任是在长期的投入、培养及维护下逐步建立的，但却可因失信转瞬之间消失，而且信任一旦失去，重新建立往往需要投入更多时间和成本。

5.2　农产品供应链协同管理中影响信任的因素

信任是农产品供应链协同的基础与保障。在农产品供应链协同管理中，影响信任的因素有很多，其中最主要的影响因素是农产品供应链中的机会主义防范机制、信息共享水平、适用政策与程序的公平程度及协同利益的公平分配。

（1）机会主义防范机制。威廉姆森认为，机会主义是指依靠有意隐藏或不愿意显示有关信息，或者故意歪曲、虚构或混淆信息以获取额外利益的行为。机会主义可分为事前机会主义和事后机会主义。前者是指在信息的不对称合作关系中，契约人为了达到自己的目的，不愿意完全披露或者故意隐藏甚至虚构有关信息以扭曲对方判断的行为；后者即道德风险，是指契约人出于降低契约执行风险或为私利最大化而采取的系列行为或措施。在农产品供应链中，由于实力不对称以及与市场联系的密切程度不同，农户和公司存在有意隐瞒或扭曲私人核心信息以获取私利最大化的机会主义激励。而完善机会主义防范机制，提高欺骗行为的机会成本，可以有效抑制机会主义行为的发生。在契约合作关系中，机会主义防范机制通常包括完善契约、实施监督、运用激励、增强相互依赖以及完善声誉机制等措施。完善契约是指尽可能地提高契约的完备性，将潜在的不确定性因素降至最低程度。实施监督是指对契约的执行过程和结果进行审核、监察与督导，增强察觉机会主义行为的能力，提高机会主义行为的道德压力和经济成本。运用激励是一种奖惩机制，指对诚实合作予以奖赏、对机会获利进行惩罚，从经济利益上激励契约方远离机会主义行为。增强相互依赖是指提高合作双方的利益相关度。利益相关度是指合作双方利益的相互依赖程度。合作双方的利益相关度越高，机会主义行为未来损失的现值就越大，从而降低了实施机会主义行为的利益激励。完善声誉机制是指采取各种措施或方法提高企业美誉对企业经营收益的影响能力。企业声誉是指企业通过长期经营的良好形象而获得的社会信任和赞美的程度。良好的声誉需要企业进行大量的形象投资，使其产品或服务获得“声誉租”，并取得垄断利润。机会主义行为可以获得一定的短期利益，但长期来看必然损失大量的形象投资和“声誉租”，因此企业声誉也能起到约束机会主义行为的作用。

（2）信息共享水平。合理的利润分配和风险分担机制与信息共享水平存在相互影响的关系。一般情况下，没有合理的利润分配和风险分担机制，供应链中的节点主体就不会有较高的参与积极性，更谈不上有较高的信息共享意愿，因此合理的利润分配和风险分担机制是信息共享的保证。反过来，没有供应链中的信息共享，就会产生更多的信息不对称，进而激励更多的机会主义行为，故而也不存在利润和风险合理分配的环境和空间。农产品供应链中节点主体之间的信息共享在供应链协同过程中发挥着极为关键的作用，信息共享的水平会极大地影响供应链节点主体的成本和利润，进而影响供应链协同的绩效。高效的信息共享，可以有效减少供应链中的信息失真现象，帮助供应链中的节点主体合理安排生产经营活动，降低供应链的运营成本。信息共享还有利于消除供应链中节点主体之间的误会与隔阂，增进彼此了解程度，从而促进供应链中节点主体之间的相互信任，提高供应链对个性化需求的快速响应能力。

（3）适用政策和程序公平。适用政策和程序公平是指在处理问题及相互交往中能做到平等对待。在强调整体利益的供应链协同管理中，政策和程序是指导供应链协同运行的基本规则。一般情况下，政策或程序制定方在供应链中通常具有不对称的强大实力或者处于核心地位，而政策和程序决定了利益在供应链中的分配规则。政策或程序在利益分配上的任何偏倚均会造成链中成员安全感的不同程度地丧失，信任的基础也会受到一定程度的破坏。研究表明，在实力不对称的供应链中，节点主体中强大一方对弱小一方在政策和程序上的公平，对双方关系所产生的影响远比经济利益要强烈得多（库马尔，1996）。

（4）利益分配的公平。在农产品供应链中各节点主体的协同合作会使得供应链获得一定的协同价值，即相比非协同状况下供应链能获得一定的超额利益。这部分超额利益的分配必须公平合理，超额利益的分配取决于供应链中节点主体的资源投入效率等因素的对比，较高的资源投入效率理应获得较高的协同价值分配比例，但超额利益的分配往往受到供应链中节点主体实力对比的影响。在农产品供应链的协同过程中，公司是实力占优的一方，其通常会利用实力优势“仗势欺人”，影响契约谈判从而获得额外的好处。这种实力差距导致的双方利益分配关系的扭曲显然有失公平，并成为提高双方信任关系的负激励。

5.3　基于信任的农产品供应链协同机制模型的构建与分析

信任是农产品供应链协同合作的基石并受到多种因素的影响和制约，因此构建一个合理的信任机制是农产品供应链协同运作的关键之一。本节以“农户＋公司”供应链为基础，基于动态价格构建一般化的信任进化灰博弈模型来分析农产品供应链协同中核心节点对“信任”和“不信任”的策略学习过程，以探讨农产品供应链协同中的信任机制，明晰基于信任的农产品供应链协同稳定运作的作用机理。

5.3.1　模型分析框架

考虑到本章的研究目的及模型分析得简单有效，研究分析的对象选定为由若干农户、一个农产品加工公司及若干消费者组成的三级供应链。由于该供应链中公司和消费者之间的关系类同于工业品供应链中节点企业之间的关系，且这部分研究目前已非常成熟深入，因此本章将研究焦点集中于带有农产品鲜明特点的农户和公司这一核心链条上。也就是说，本章探讨的信任机制主要为农产品供应链中农户和公司合作的信任展现机理。

在农产品供应链协同过程中，农产品供应链的复杂性和层次性使农产品供应链协同的信任机制的构建面临众多因素的影响，如供应链中节点主体的竞争实力对比、供应链的信息共享水平、机会主义防范机制的完善程度、供应链节点主体之间的相互依赖程度以及合作程序与供应链协同利益分配的公平等。基于分析的简便与侧重的问题，本问题仅从机会主义防范、相互依赖及利益公平三个角度来构建农产品供应链协同过程中的信任机制（图 5-1）。信息共享是农产品供应链协同的前提，是农产品供应链协同机制研究的重要内容之一，因此本研究将对信息共享问题另辟章节重点讨论。

机会主义防范机制是农产品供应链协同稳定运行的关键之一。完善的机会主义防范机制可以提高欺骗行为的成本，抑制机会主义行为的发生。与工业品供应链不同，农产品供应链同时面临市场风险和自然风险，农产品的生物特性也使农产品供应链相较工业品供应链更为复杂。基于上述情况，灰博弈模型针对机会主义从保险、期权及违约惩罚三个角度引入了多个变量（图 5-2）。其中，保险主要是针对农业生产面临自然风险的政策性农业灾害保险，涉及变量包括保险费、政府保险补贴；期权是市场风险的规避措施之一，公司和农户通过在期权市场上买进与订单的数量、价格、时间相同方向相反的买权或卖权可以有效的规避订单执行时的市场风险，模涉及变量包括期权费和期权补贴。违约惩罚则主要是针对在订单一方持信任态度而另一方故意违约时对违约方实施的金钱惩罚，涉及变量为罚金。

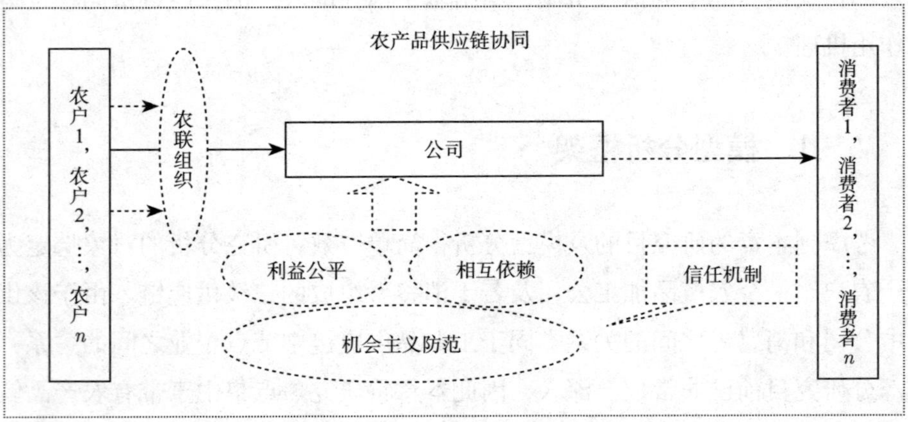

图5-1 基于信任机制的农产品供应链协同框架模型简图

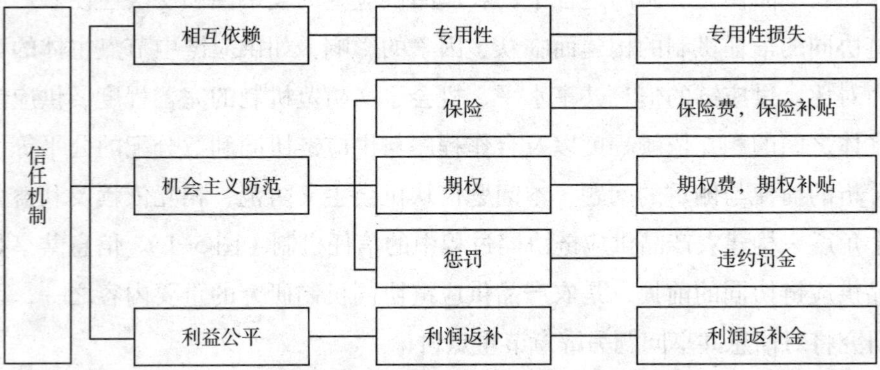

图5-2 我国农产品供应链协同中信任机制框架图

供应链节点主体之间的相互依赖可以提高相互之间联系的密切程度，增加彼此之间的信任。影响供应链中节点主体相互依赖程度的因素很多，其中专用性如产品专用性、业务专用性、资产专用性等是影响供应链节点主体相互依赖程度的关键因素。灰博弈模型也引入了专用性这一比较抽象的变量，变量界定为专用性损失。需要注意的是，专用性损失包括了博弈双方不合作时所导致业务专用性和资产专用性的损失。

农产品供应链协同过程中利益的分配不仅取决于供应链中节点主体资源投入效率等因素的对比，而且往往受供应链中节点主体实力对比的影响。利益分配的显失公平会成为提高双方信任关系的负激励。合理的利益公平分配可以促使成员企业信守诺言，努力合作，从而增加彼此间的信任度。考虑到农产品供应链的实际情况，灰博弈模型中引入了利润返补变量来展现农产品供应链协同过程中的利益公平。

在农产品供应链协同模型中，农户在农业生产经营中的收益除取决于契约价格、生产产量和单位成本三个基本要素外，还受到政府补贴、利润返补、专用性损失、保险费和期权费及期权到期时的农产品市场价格的影响；公司在生产经营中的收益取决于加工产品面临的完全竞争的市场价格、作为原材料的农产品契约收购数量、单位加工成本、利润返补、专用性损失及持有期权状况；政府补贴、保险费和期权费与农户和公司的合作状态无关，但专用性损失则只是在双方不能合作时存在，且不论违约的责任在谁。利润返补仅存在于双方均信任对方愿意合作的状态下，且由公司依协同价值状况以一定金额向农户支出。自然灾害的发生对二者存在不同的影响，在双方合作条件下，对农户来说，灾害发生时，农户可以从保险公司获得损失产量等同于契约价格的收益，公司则为了生产经营活动的正常进行，必须以当时的市场价格购入因灾害发生而不能正常履约的农产品数量。

5.3.2　问题假设与模型构建

为了构建灰损益矩阵，先对模型作前提条件及基本符号假设：

（1）局中人是为有限理性，分别为农户 n_i 与农产品加工公司 g_i（简称公司 g_i）支付函数是为其收益 Π。

（2）信息是完全的。

（3）局中人的策略均为：信任与不信任。

（4）f 为单位农产品的期权费。f_1 为农户的单位期权费，f_2 为农产品加工公司的单位期权费。

（5）F 为单位农产品的违约处罚金。

（6）P_0 为公司加工品的竞争性单位市场价格（只能接受市场价格，即 P_0 不变）。

（7）P_c 为双方合作时的契约价格。

（8）P_l 为期权到期时的农产品市场价格，$P_l < P_c+f$。

（9）P_h 为期权到期时的农产品市场价格，$P_h > P_c+f$。

（10）C_1 为农产品单位产量投入成本。

（11）C_2 为公司单位产出加工成本。

（12）z 为单位农产品的转购（售）成本。

（13）b 为农户的单位农产品灾害保险费。

（14）r_1 为农业局对农户的单位农产品期权费补贴。

（15）r_2 为农业局对农户的单位农产品灾害保险费补贴。

（16）r_3 为公司 g_i 对农户 n_i 的利润反补。

（17）v 为农产品发生灾害时的损失比例。

（18）w 为农产品发生 v 比例的灾害损失时的概率。

（19）Q 为农户 n_i 与公司签订的契约收购数量。

（20）E 为数学期望。

（21）$\prod_{dky}$ 为第 i 对博弈中农户 n_i 或公司 g_i 的收益，其中：

$$d=\begin{cases} n & \text{农户}\, n_i \\ g & \text{公司}\, g_i \end{cases} \qquad k=\begin{cases} h & \text{期权到期时的市场价格}\, p_h \\ l & \text{期权到期时的市场价格}\, p_l \end{cases}$$

$$y=\begin{cases} 1 & \text{博弈主体双方均信任对方} \\ 2 & \text{博弈主体双方均不信任对方} \\ 3 & \text{农户}\, n_i\, \text{信任对方而公司}\, g_i\, \text{持戒备态度} \\ 4 & \text{公司}\, g_i\, \text{信任对方而农户}\, n_i\, \text{持戒备态度} \end{cases}$$

考虑到模型的简便和实用，本模型的博弈环境为完全信息静态博弈。即双方面临的市场价格及成本收益结构等均为共有信息。双方的区间灰数损益值也均以灾害发生与不发生两种状态下的期望值来表示。由于农户 n_i 和公司 g_i 的有效理性，因此即使面对完全一样的环境，其决策也有可能不一样。也就是说，农户在同样的条件下，有的农户可能选择信任公司进而与其合作，有的农户则可能选择不信任公司进而不履行契约。公司的策略选择也同样如此。当农产品供应链的博弈双方同时面临市场风险和自然风险时，第 i 对博弈中农户和公司期望损益值为灰数函数且构成的灰损益矩阵 $A(\ddot{A})$ 为（表5-1）：

表5-1　我国农产品供应链协同中的期望收益灰博弈矩阵

		g_i	
		信任	不信任
n_i	信任	$(E\prod_{nh1}, E\prod_{nl1})$，$(E\prod_{gl1}, E\prod_{gh1})$	$(E\prod_{nh3}, E\prod_{nl3})$，$(E\prod_{gh3}, E\prod_{gl3})$
	不信任	$(E\prod_{nl4}, E\prod_{nh4})$，$(E\prod_{gl4}, E\prod_{gh4})$	$(E\prod_{nl2}, E\prod_{nh2})$，$(E\prod_{gh2}, E\prod_{gl2})$

当期权到期前农产品的市场价格为 $P_h > P_c+f$ 时，由于农户 n_i 持有的是看跌期权即卖权，此时期权失去了其内在价值，农户 n_i 显然会放弃执行期权；反之，公司 g_i 持有的是看涨期权即买权，此时期权具有 $(P_h-P_c)Q$ 的内在价值，公司 g_i 显然会以期权对冲形式执行期权，当以 w 的概率发生 v 损失时农户 n_i 和公司 g_i 双方的收益会视双方的信任态度有所不同。

（1）当农户 n_i 和公司 g_i 均信任对方时，双方的收益分别为：

$$
\begin{aligned}
E\prod_{nh1} &= w(1-v)Q(p_c-c_1+r_3)+Q(r_1+r_2-f_1-b)+wvQ(p_h-c_1)+(1-w)Q(p_c-c_1+r_3) \\
&= Q(p_c-c_1-f_1-b+r_1+r_2)+wvQ(p_h-p_c)+r_3Q(1-wv)
\end{aligned}
$$

$$
\begin{aligned}
E\prod_{gh1} &= w(1-v)Q(p_0-p_c-c_2-r_3)+wvQ(p_0-p_h-c_2)+(1-w)Q(p_0-p_c-c_2-r_3)+(p_h-p_c)Q-Qf_2 \\
&= Q(p_0-p_c-c_2-f_2)+Q(1-wv)(p_h-p_c)-r_3Q(1-wv)
\end{aligned}
$$

（2）当农户 n_i 和公司 g_i 均不信任对方时，双方的收益分别为：

$$
E\prod_{nh2} = w(1-v)Q(p_h-c_1)+Q(r_1+r_2-f_1-b-z_1)+wvQ(p_h-c_1)+(1-w)Q(p_h-c_1)
$$

$$=Q(p_c-c_1-f_1-b-z_1+r_1+r_2)+Q(p_h-p_c)$$

$$E\prod_{gh2}=wQ(p_0-p_h-c_2-f_2-z_2)+(1-w)Q(p_0-p_h-c_2-f_2-z_2)+Q(p_h-p_c)$$

$$=Q(p_0-p_c-c_2-f_2-z_2)$$

（3）当农户 n_i 信任公司 g_i，而公司 g_i 不信任农户 n_i 时，双方的收益分别为：

$$E\prod_{nh3}=E\prod_{nh2}+FQ$$

$$E\prod_{gh3}=E\prod_{gh2}-FQ$$

（4）当农户 n_i 不信任公司 g_i，而公司 g_i 信任农户 n_i 时，双方的收益分别为：

$$E\prod_{nh4}=E\prod_{nh2}-FQ$$

$$E\prod_{gh4}=E\prod_{gh2}+FQ$$

当期权到期前农产品的市场价格为 $P_l<P_c+f$ 时，由于农户 n_i 持有的是看跌期权即卖权，此时期权具有（P_c-P_l）Q 的内在价值，农户 n_i 会以期权对冲形式执行期权。公司 g_i 持有的是看涨期权即买权，此时期权失去了其内在价值，公司 g_i 显然会放弃执行期权。故当以 w 的概率发生 v 损失时农户 n_i 和公司 g_i 双方的收益也会视双方的信任态度有所不同。

（1）当农户 n_i 和公司 g_i 均信任对方时，双方的收益分别为：

$$E\prod_{nl1}=w(1-v)Q(p_c-c_1+r_3)+wvQ(P_l-c_1)+Q(r_1+r_2-f_1-b)$$
$$+Q(p_c-P_l)+(1-w)Q(p_c-c_1-f_1-b+r_1+r_2+r_3)$$
$$=Q(p_c-c_1-f_1-b+r_1+r_2)+Q(1-wv)(p_c-P_l)+r_3Q(1-wv)$$

$$E\prod_{gl1}=w(1-v)Q(p_0-p_c-c_2-r_3)+wvQ(p_0-P_l-c_2)+(1-w)Q(p_0-p_c-c_2-r_3)-Qf_2$$
$$=Q(p_0-p_c-c_2-f_2)+wvQ(p_c-P_l)-r_3Q(1-wv)$$

（2）当农户 n_i 和公司 g_i 均不信任对方时，双方的收益分别为：

$$E\prod_{nl2}=w(1-v)Q(P_l-c_1)+wvQ(P_l-c_1)+Q(r_1+r_2-z_1-f_1-b)+Q(p_c-P_l)+(1-w)Q(P_l-c_1-r_3)$$
$$=Q(p_c-c_1-f_1-b-z_1+r_1+r_2)$$

$$E\prod_{gl2}=w(1-v)Q(p_0-P_l-c_2-z_2)+wvQ(p_0-P_l-c_2)+(1-w)Q(p_0-P_l-c_2-z_2)-Qf_2$$
$$=Q(p_0-p_c-c_2-f_2-z_2)+Q(p_c-P_l)$$

（3）当农户 n_i 信任公司 g_i，而公司 g_i 不信任农户 n_i 时，双方的收益分别为：

$$E\prod_{nl3}=E\prod_{nl2}+FQ$$

$E\prod_{gl3}= E\prod_{gl2}-FQ$

（4）当农户 n_i 不信任公司 g_i，而公司 g_i 信任农户 n_i 时，双方的收益分别为：

$E\prod_{nl4}= E\prod_{nh2}-FQ$

$E\prod_{gl4}= E\prod_{gh2}+FQ$

由于灰数不能像白数一样进行基本运算，为了方便进一步分析，有必要将上述灰数转换为均值白化数，从而将灰数运算转化为实数运算。表 5-2 为表 5-1 灰数均值白化后的期望收益灰博弈矩阵。

表5-2　农产品供应链协同中的灰数均值白化后的期望收益灰博弈矩阵❶

		g_i	
		信任	不信任
n_i	信任	$P_{n1}\overset{ù}{(\ddot{A})}_{j^0_{n1}}$，$P_{g1}\overset{ù}{(\ddot{A})}_{j^0_{g1}}$	$P_{n3}\overset{ù}{(\ddot{A})}_{j^0_{n3}}$，$P_{g3}\overset{ù}{(\ddot{A})}_{j^0_{g3}}$
	不信任	$P_{n4}\overset{ù}{(\ddot{A})}_{j^0_{n4}}$，$P_{g4}\overset{ù}{(\ddot{A})}_{j^0_{g4}}$	$P_{n2}\overset{ù}{(\ddot{A})}_{j^0_{n2}}$，$P_{g2}\overset{ù}{(\ddot{A})}_{j^0_{g2}}$

表 5-2 中：

$$P_{n1}\overset{ù}{(\ddot{A})}_{j^0_{n1}} = P_{n1}\left(\frac{E\prod_{nh1}+E\prod_{n11}}{2}\right)_{j^0_{n1}}$$

$$=\left\{Q\left(p_0-0_1-f_1-b+r_1+r_2\right)+r_3Q(1-wv)+wvQ\left(p_h-p_0\right)/2+(1-wv)Q\left(p_0-p_1\right)/2\right\}_{j^0_{n1}}$$

$$P_{g1}\overset{ù}{(\ddot{A})}_{j^0_{g1}} = P_{g1}\left(\frac{E\prod_{gl1}+E\prod_{gh1}}{2}\right)_{j^0_{g1}}$$

$$=\left\{Q\left(p_0-p_c-c_2-f_2\right)+r_3Q(1-wv)+wvQ\left(p_c-p_1\right)/2+Q\left(1-wv\right)\left(p_h-p_c\right)/2\right\}_{j^0_{g1}}$$

❶ 表 5-2 中 $\overset{ù}{(\ddot{A})}_{j^0}$ 为区间灰数的简化形式。

$$P_{n2}\overset{\grave{u}}{(\ddot{A})}_{j_{n2}^{0}} = P_{n2}\left(\frac{E\prod_{nl2} + E\prod_{nh2}}{2}\right)_{j_{n1}^{0}}$$
$$= \left\{Q\left(p_c - c_1 - f_1 - b - z_1 + r_1 + r_2\right) + Q\left(p_h - p_1\right)/2\right\}_{j_{n2}^{0}}$$

$$P_{g2}\overset{\grave{u}}{(\ddot{A})}_{j_{g2}^{0}} = P_{g2}\left(\frac{E\prod_{gh2} + E\prod_{gl2}}{2}\right)_{j_{g2}^{0}}$$
$$= \left\{Q\left(p_0 - p_c - c_2 - f_2 - z_2\right) + Q\left(p_h - p_1\right)/2\right\}_{j_{g2}^{0}}$$

$$P_{n3}\overset{\grave{u}}{(\ddot{A})}_{j_{n3}^{0}} = P_{n3}\left(\frac{E\prod_{nh3} + E\prod_{nl3}}{2}\right)_{j_{n3}^{0}}$$
$$= \left\{Q\left(p_c - c_1 - f_1 - b - z_1 + r_1 + r_2 + F\right) + Q\left(p_h - p_1\right)/2\right\}_{j_{n3}^{0}}$$

$$P_{g3}\overset{\grave{u}}{(\ddot{A})}_{j_{g3}^{0}} = P_{g3}\left(\frac{E\prod_{gh3} + E\prod_{gl3}}{2}\right)_{j_{g3}^{0}}$$
$$= \left\{Q\left(p_0 - p_c - c_2 - f_2 - z_2 - F\right) + Q\left(p_h - p_1\right)/2\right\}_{j_{g3}^{0}}$$

$$P_{n4}\overset{\grave{u}}{(\ddot{A})}_{j_{n4}^{0}} = P_{n4}\left(\frac{E\prod_{nh4} + E\prod_{nl4}}{2}\right)_{j_{n4}^{0}}$$
$$= \left\{Q\left(p_c - c_1 - f_1 - b - z_1 - F + r_1 + r_2\right) + Q\left(p_h - p_1\right)/2\right\}_{j_{n4}^{0}}$$

$$P_{g4}\overset{\grave{u}}{(\ddot{A})}_{j_{g4}^{0}} = P_{g4}\left(\frac{E\prod_{gh4} + E\prod_{gl4}}{2}\right)_{j_{g4}^{0}}$$
$$= \left\{Q\left(p_0 - p_c - c_2 - f_2 - z_2 + F\right) + Q\left(p_h - p_1\right)/2\right\}_{j_{g4}^{0}}$$

5.3.3 问题分析

供应链中主体学习模仿的速度取决于两个因素，一是模仿对象的数量大小，可用相应策略类型主体的比例表示，因为这关系到观察和模仿的难易程度；二是模仿对象的成功程度，可用模仿对象策略得益超过平均得益的幅度表示，因为这关系到判断差异的难易程度和对模仿激励的大小。在农产品供应链中，尽管博弈中的公司实质上只有一个，但博弈中的农户有 n 个，因此双方的关系可以等同于分别有 n 个农户和 n 个公司进行博弈。由于农户 n_i 和公司 g_i 的有限理性，因此每一个农户 n_i 或公司 g_i 即使面对完全一样的环境，其决策也有可能不一样。故假设农产品供应链的 n 对博弈中有 x 比例的博弈主体采取信任策略，另外（1-x）比例的博弈主体采取不信任策略。则有：

$$u_{ij1}=xP_{j1}\overset{\grave{u}}{(\ddot{A})}_{j_{jn1}^{0}}+\left(1-x\right)P_{j3}\overset{\grave{u}}{(\ddot{A})}_{j_{j3}^{0}}，j=\begin{cases} n & 农户 \\ g & 公司 \end{cases}$$

其中，u_{ij1} 为第 i 个博弈主体在采取信任策略时的期望收益。

$$u_{ij2}=xP_{j4}\overset{\grave{u}}{(\ddot{A})}_{j_{n4}^{0}}+\left(1-x\right)P_{j2}\overset{\grave{u}}{(\ddot{A})}_{j_{j2}^{0}}，j=\begin{cases} n & 农户 \\ g & 公司 \end{cases}$$

其中，u_{ij2} 为第 i 个博弈主体在采取不信任策略时的期望收益。

$$u_{ij0}=xu_{i1}+（1-x）u_{i2} \qquad j=\begin{cases} n & 农户 \\ g & 公司 \end{cases}$$

其中，u_{ij0} 为第 i 个博弈主体的平均期望收益。

结论 1：当 $z_1+F+r_3（1-wv）>[（1-wv）(P_h+P_l-2p_c)+(P_c-P_l)]/2$ 时，农产品供应链协同中农户 n_i 选择“信任”是一种进化稳定策略，信任机制有效，供应链可以通过学习机制实现协同利益。

证明：

设在同样的博弈环境下农户 n_i 采用“信任”策略类型的比例为 x，采用“不信任”策略类型的比例为（1-x），则其动态变化速度可以用下列动态微分方程表示：

$$\begin{aligned}{}^{d_x}\!/_{d_t}&=f\left(x\right)=x\left(u_{in1}-u_{in0}\right)\\&=x\left(1-x\right)\left\{\left(P_{n1}\overset{\grave{u}}{(\ddot{A})}_{j_{n1}^{0}}-P_{n3}\overset{\grave{u}}{(\ddot{A})}_{j_{n3}^{0}}-P_{n4}\overset{\grave{u}}{(\ddot{A})}_{j_{n4}^{0}}+P_{n2}\overset{\grave{u}}{(\ddot{A})}_{j_{n2}^{0}}\right)x-\left(P_{n2}\overset{\grave{u}}{(\ddot{A})}_{j_{n2}^{0}}-P_{n3}\overset{\grave{u}}{(\ddot{A})}_{j_{n3}^{0}}\right)\right\}\end{aligned}$$

对 $f(x)$ 求导，故有：

$$\begin{aligned}f'\left(x\right)=&3x^2\left(P_{n1}\overset{\grave{u}}{(\ddot{A})}_{j_{n1}^{0}}-P_{n4}\overset{\grave{u}}{(\ddot{A})}_{j_{n4}^{0}}-P_{n3}\overset{\grave{u}}{(\ddot{A})}_{j_{n3}^{0}}+P_{n2}\overset{\grave{u}}{(\ddot{A})}_{j_{n2}^{0}}\right)\\&+2x\left(P_{n1}\overset{\grave{u}}{(\ddot{A})}_{j_{n1}^{0}}-2P_{n3}\overset{\grave{u}}{(\ddot{A})}_{j_{n3}^{0}}-P_{n4}\overset{\grave{u}}{(\ddot{A})}_{j_{n4}^{0}}+2P_{n2}\overset{\grave{u}}{(\ddot{A})}_{j_{n2}^{0}}\right)+\left(P_{n3}\overset{\grave{u}}{(\ddot{A})}_{j_{n3}^{0}}-P_{n2}\overset{\grave{u}}{(\ddot{A})}_{j_{n2}^{0}}\right)\end{aligned}$$

令 $f'(x)$ 等于零，得到解分别为：

$$x_1=0 \qquad x_2=1$$

$$x_3 = \frac{\left(P_{n2}\overset{\text{ù}}{(\ddot{A})}_{j_{n2}^0} - P_{n3}\overset{\text{ù}}{(\ddot{A})}_{j_{n3}^0}\right)}{\left(P_{n1}\overset{\text{ù}}{(\ddot{A})}_{j_{n1}^0} - P_{n4}\overset{\text{ù}}{(\ddot{A})}_{j_{n4}^0} - P_{n3}\overset{\text{ù}}{(\ddot{A})}_{j_{n3}^0} + P_{n2}\overset{\text{ù}}{(\ddot{A})}_{j_{n2}^0}\right)}$$

$$P_{n1}\overset{\text{ù}}{(\ddot{A})}_{j_{n1}^0} - P_{n4}\overset{\text{ù}}{(\ddot{A})}_{j_{n4}^0} = \left\{F + z_1 - r_3\left(1 - wv\right) - \left[\left(1 - wv\right)\left(p_c + pl - p_1 - 2p_c\right) + \left(p_c - p_l\right)\right] / 2\right\}_{\left(j_{n1}^0, j_{n2}^0\right)}$$

而 $\left\{F + z_1 + r_3\left(1 - wv\right) - \left[\left(1 - wv\right)\left(p_h + p_l - 2p_c\right) + \left(p_c - p_l\right)\right] / 2\right\} > 0$

故 $P_{n1}\overset{\text{ù}}{(\ddot{A})}_{j_{n1}^0} > P_{n4}\overset{\text{ù}}{(\ddot{A})}_{j_{n4}^0}$

（1）分析 x_3 解的存在状况。由于 $P_{n1}\overset{\text{ù}}{(\ddot{A})}_{j_{n1}^0} > P_{n4}\overset{\text{ù}}{(\ddot{A})}_{j_{n4}^0}$ 且显然 $P_{n2}\overset{\text{ù}}{(\ddot{A})}_{j_{n2}^0} < P_{n3}\overset{\text{ù}}{(\ddot{A})}_{j_{n3}^0}$，故有：$\left(P_{n1}\overset{\text{ù}}{(\ddot{A})}_{j_{n1}^0} - P_{n4}\overset{\text{ù}}{(\ddot{A})}_{j_{n4}^0} - P_{n3}\overset{\text{ù}}{(\ddot{A})}_{j_{n3}^0} + P_{n2}\overset{\text{ù}}{(\ddot{A})}_{j_{n2}^0}\right)\left(P_{n2}\overset{\text{ù}}{(\ddot{A})}_{j_{n2}^0} - P_{n3}\overset{\text{ù}}{(\ddot{A})}_{j_{n3}^0}\right)$。下面分别考虑 $\left(P_{n1}\overset{\text{ù}}{(\ddot{A})}_{j_{n1}^0} - P_{n4}\overset{\text{ù}}{(\ddot{A})}_{j_{n4}^0} - P_{n3}\overset{\text{ù}}{(\ddot{A})}_{j_{n3}^0} + P_{n2}\overset{\text{ù}}{(\ddot{A})}_{j_{n2}^0}\right)$ 与零的三种关系：

①当 $\left(P_{n1}\overset{\text{ù}}{(\ddot{A})}_{j_{n1}^0} - P_{n4}\overset{\text{ù}}{(\ddot{A})}_{j_{n4}^0} - P_{n3}\overset{\text{ù}}{(\ddot{A})}_{j_{n3}^0} + P_{n2}\overset{\text{ù}}{(\ddot{A})}_{j_{n2}^0}\right) > 0$ 时，由于 $\left(P_{n2}\overset{\text{ù}}{(\ddot{A})}_{j_{n2}^0} - P_{n3}\overset{\text{ù}}{(\ddot{A})}_{j_{n3}^0}\right) < 0$，故必有 $x_3 < 0$，而 $x \in [0, 1]$，显然此时 x_3 解无意义；

②当 $\left(P_{n1}\overset{\text{ù}}{(\ddot{A})}_{j_{n1}^0} - P_{n4}\overset{\text{ù}}{(\ddot{A})}_{j_{n4}^0} - P_{n3}\overset{\text{ù}}{(\ddot{A})}_{j_{n3}^0} + P_{n2}\overset{\text{ù}}{(\ddot{A})}_{j_{n2}^0}\right) < 0$ 时，由于 $\left(P_{n2}\overset{\text{ù}}{(\ddot{A})}_{j_{n2}^0} - P_{n3}\overset{\text{ù}}{(\ddot{A})}_{j_{n3}^0}\right) < 0$，且当 $\left(P_{n1}\overset{\text{ù}}{(\ddot{A})}_{j_{n1}^0} - P_{n4}\overset{\text{ù}}{(\ddot{A})}_{j_{n4}^0} - P_{n3}\overset{\text{ù}}{(\ddot{A})}_{j_{n3}^0} + P_{n2}\overset{\text{ù}}{(\ddot{A})}_{j_{n2}^0}\right) > \left(P_{n2}\overset{\text{ù}}{(\ddot{A})}_{j_{n2}^0} - P_{n3}\overset{\text{ù}}{(\ddot{A})}_{j_{n3}^0}\right)$

故 $\left|\left(P_{n2}\overset{\text{ù}}{(\ddot{A})}_{j_{n2}^0} - P_{n3}\overset{\text{ù}}{(\ddot{A})}_{j_{n3}^0}\right)\right| > \left|\left(P_{n1}\overset{\text{ù}}{(\ddot{A})}_{j_{n1}^0} - P_{n4}\overset{\text{ù}}{(\ddot{A})}_{j_{n4}^0} - P_{n3}\overset{\text{ù}}{(\ddot{A})}_{j_{n3}^0} + P_{n2}\overset{\text{ù}}{(\ddot{A})}_{j_{n2}^0}\right)\right|$

因此必有 $x_3 > 1$，而 $x \in [0, 1]$，显然此时 x_3 解无意义；

③当 $\left(P_{n1}\overset{\text{ù}}{(\ddot{A})}_{j_{n1}^0} - P_{n4}\overset{\text{ù}}{(\ddot{A})}_{j_{n4}^0} - P_{n3}\overset{\text{ù}}{(\ddot{A})}_{j_{n3}^0} + P_{n2}\overset{\text{ù}}{(\ddot{A})}_{j_{n2}^0}\right) = 0$，显然，此时 x_3 解并不存在。

综上所述，无论 $\left(P_{n1}\overset{\text{ù}}{(\ddot{A})}_{j_{n1}^0} - P_{n4}\overset{\text{ù}}{(\ddot{A})}_{j_{n4}^0} - P_{n3}\overset{\text{ù}}{(\ddot{A})}_{j_{n3}^0} + P_{n2}\overset{\text{ù}}{(\ddot{A})}_{j_{n2}^0}\right)$ 为何值，x_3 要么无意义，要么不存在。也就是说，x_3 不可能成为动态方程的稳定解。

（2）分析 x_1 解的存在状况。因为 $f'\left(x_1\right) = \left(P_{n3}\overset{\text{ù}}{(\ddot{A})}_{j_{n3}^0} - P_{n2}\overset{\text{ù}}{(\ddot{A})}_{j_{n2}^0}\right) > 0$，根据

微分方程稳定性定理，$x_1=0$ 也不可能为微分方程的稳定解。

（3）分析 x_2 解的存在状况。因为 $f'\left(x_2\right)=\left(P_{n4}\overset{\grave{u}}{(\ddot{A})}_{j^0_{n4}}-P_{n1}\overset{\grave{u}}{(\ddot{A})}_{j^0_{n1}}\right)<0$ 根据微分方程稳定性定理，$x_2=1$ 为微分方程的稳定解。

也就是说，当 $z_1+F+r_3(1-wv)>[(1-wv)(P_h+P_l-2p_c)+(P_c-P_l)]/2$ 时，$x_2=1$ 为微分方程的稳定解，此时农产品供应链协同中农户 n_i 选择“信任”是一种进化稳定策略，信任机制有效，供应链可以通过学习机制实现协同利益。

证毕。

结论 2：当 $z_2+F-r_3(1-wv)>(1-wv)(2P_c-P_h-P_l)/2$ 时，农产品供应链协同中公司 g_i 选择“信任”是一种进化稳定策略，信任机制有效，供应链可以通过学习机制实现协同利益。

证明：

设在同样的博弈环境下公司 g_i 采用“信任”策略类型企业的比例为 x，采用“不信任”策略类型企业的比例为（$1-x$），则其动态变化速度可以用下列动态微分方程表示：

$$
\begin{aligned}
{}^{d_x}\!\big/_{d_t} &= f\left(x\right)=x\left(u_{ig1}-u_{ig0}\right)\\
&= x\left(1-x\right)\left\{\left(P_{g1}\overset{\grave{u}}{(\ddot{A})}_{j^0_{g1}}-P_{g3}\overset{\grave{u}}{(\ddot{A})}_{j^0_{g3}}-P_{g4}\overset{\grave{u}}{(\ddot{A})}_{j^0_{g4}}+P_{g2}\overset{\grave{u}}{(\ddot{A})}_{j^0_{g2}}\right)x-\left(P_{g2}\overset{\grave{u}}{(\ddot{A})}_{j^0_{g2}}-P_{g4}\overset{\grave{u}}{(\ddot{A})}_{j^0_{g4}}\right)\right\}
\end{aligned}
$$

对 $f(x)$ 求导，故有：

$$
\begin{aligned}
f'\left(x\right)= &\,3x^2\left(P_{g4}\overset{\grave{u}}{(\ddot{A})}_{j^0_{g4}}+P_{g3}\overset{\grave{u}}{(\ddot{A})}_{j^0_{g3}}-P_{g1}\overset{\grave{u}}{(\ddot{A})}_{j^0_{g1}}-P_{g2}\overset{\grave{u}}{(\ddot{A})}_{j^0_{g2}}\right)\\
&+2x\left(P_{g1}\overset{\grave{u}}{(\ddot{A})}_{j^0_{g1}}-2P_{g4}\overset{\grave{u}}{(\ddot{A})}_{j^0_{g4}}-P_{g3}\overset{\grave{u}}{(\ddot{A})}_{j^0_{g3}}+2P_{g2}\overset{\grave{u}}{(\ddot{A})}_{j^0_{g2}}\right)+\left(P_{g4}\overset{\grave{u}}{(\ddot{A})}_{j^0_{g3}}-P_{g2}\overset{\grave{u}}{(\ddot{A})}_{j^0_{g2}}\right)
\end{aligned}
$$

令 $f'(x)$ 等于零，得到三个解分别为：

$$x_1=0 \qquad x_2=1$$

$$
x_3=\frac{\left(P_{g2}\overset{\grave{u}}{(\ddot{A})}_{j^0_{g2}}-P_{g4}\overset{\grave{u}}{(\ddot{A})}_{j^0_{g4}}\right)\}}{\left(P_{g1}\overset{\grave{u}}{(\ddot{A})}_{j^0_{g1}}-P_{g3}\overset{\grave{u}}{(\ddot{A})}_{j^0_{g3}}-P_{g4}\overset{\grave{u}}{(\ddot{A})}_{j^0_{g4}}+P_{g2}\overset{\grave{u}}{(\ddot{A})}_{j^0_{g2}}\right)}
$$

$$
P_{g1}\overset{\grave{u}}{(\ddot{A})}_{j^0_{g1}}-P_{g3}\overset{\grave{u}}{(\ddot{A})}_{j^0_{g3}}=\left\{F+z_2-r_3\left(1-wz\right)-\left(1-wv\right)\left(2p_c-p_h-p_1\right)wz_1/2\right\}_{j^0_{n1},\,j^0_{n2}}
$$

而$F+z_2-r_3\left(1-wz\right)-\left(1-wv\right)\left(2P_c-P_h-P_1\right)wz_1/2>0$

故$P_{g1}\overset{\text{ù}}{(\ddot{A})}_{j_{g1}^{0}}-P_{g3}\overset{\text{ù}}{(\ddot{A})}_{j_{g3}^{0}}>0$

（1）分析 x_3 解的存在状况。由于$P_{g1}\overset{\text{ù}}{(\ddot{A})}_{j_{g1}^{0}}>P_{g3}\overset{\text{ù}}{(\ddot{A})}_{j_{g3}^{0}}$，且显然$P_{g2}\overset{\text{ù}}{(\ddot{A})}_{j_{g2}^{0}}\Big)<P_{g4}\overset{\text{ù}}{(\ddot{A})}_{j_{g4}^{0}}$，故有：$\left(P_{g1}\overset{\text{ù}}{(\ddot{A})}_{j_{g1}^{0}}-P_{g3}\overset{\text{ù}}{(\ddot{A})}_{j_{g3}^{0}}-P_{g4}\overset{\text{ù}}{(\ddot{A})}_{j_{g4}^{0}}+P_{g2}\overset{\text{ù}}{(\ddot{A})}_{j_{g2}^{0}}\right)>\left(P_{g2}\overset{\text{ù}}{(\ddot{A})}_{j_{g2}^{0}}-P_{g4}\overset{\text{ù}}{(\ddot{A})}_{j_{g4}^{0}}\right)$。

下面分别考虑$\left(P_{g1}\overset{\text{ù}}{(\ddot{A})}_{j_{g1}^{0}}-P_{g3}\overset{\text{ù}}{(\ddot{A})}_{j_{g3}^{0}}-P_{g4}\overset{\text{ù}}{(\ddot{A})}_{j_{g4}^{0}}+P_{g2}\overset{\text{ù}}{(\ddot{A})}_{j_{g2}^{0}}\right)$与零的三种关系：

①当$\left(P_{g1}\overset{\text{ù}}{(\ddot{A})}_{j_{g1}^{0}}-P_{g3}\overset{\text{ù}}{(\ddot{A})}_{j_{g3}^{0}}-P_{g4}\overset{\text{ù}}{(\ddot{A})}_{j_{g4}^{0}}+P_{g2}\overset{\text{ù}}{(\ddot{A})}_{j_{g2}^{0}}\right)>0$时，由于$\left(P_{g2}\overset{\text{ù}}{(\ddot{A})}_{j_{g2}^{0}}-P_{g4}\overset{\text{ù}}{(\ddot{A})}_{j_{g4}^{0}}\right)<0$，故必有 $x_3<0$，而 $x\in[0,\ 1]$，显然此时该解无意义。

②当$\left(P_{g1}\overset{\text{ù}}{(\ddot{A})}_{j_{g1}^{0}}-P_{g3}\overset{\text{ù}}{(\ddot{A})}_{j_{g3}^{0}}-P_{g4}\overset{\text{ù}}{(\ddot{A})}_{j_{g4}^{0}}+P_{g2}\overset{\text{ù}}{(\ddot{A})}_{j_{g2}^{0}}\right)<0$时，由于$\left(P_{g2}\overset{\text{ù}}{(\ddot{A})}_{j_{g2}^{0}}-P_{g4}\overset{\text{ù}}{(\ddot{A})}_{j_{g4}^{0}}\right)<0$，且$\left(P_{g1}\overset{\text{ù}}{(\ddot{A})}_{j_{g1}^{0}}-P_{g3}\overset{\text{ù}}{(\ddot{A})}_{j_{g3}^{0}}-P_{g4}\overset{\text{ù}}{(\ddot{A})}_{j_{g4}^{0}}+P_{g2}\overset{\text{ù}}{(\ddot{A})}_{j_{g2}^{0}}\right)>\left(P_{g2}\overset{\text{ù}}{(\ddot{A})}_{j_{g2}^{0}}-P_{g4}\overset{\text{ù}}{(\ddot{A})}_{j_{g4}^{0}}\right)$，

故$\left|\left(P_{g2}\overset{\text{ù}}{(\ddot{A})}_{j_{g2}^{0}}-P_{g4}\overset{\text{ù}}{(\ddot{A})}_{j_{g4}^{0}}\right)\right|>\left|\left(P_{g1}\overset{\text{ù}}{(\ddot{A})}_{j_{g1}^{0}}-P_{g3}\overset{\text{ù}}{(\ddot{A})}_{j_{g3}^{0}}-P_{g4}\overset{\text{ù}}{(\ddot{A})}_{j_{g4}^{0}}+P_{g2}\overset{\text{ù}}{(\ddot{A})}_{j_{g2}^{0}}\right)\right|$。

因此必有 $x_3>1$，而 $x\in[0,\ 1]$，显然此时该解也无意义。

③当$\left(P_{g1}\overset{\text{ù}}{(\ddot{A})}_{j_{g1}^{0}}-P_{g3}\overset{\text{ù}}{(\ddot{A})}_{j_{g3}^{0}}-P_{g4}\overset{\text{ù}}{(\ddot{A})}_{j_{g4}^{0}}+P_{g2}\overset{\text{ù}}{(\ddot{A})}_{j_{g2}^{0}}\right)=0$，显然此时该解不存在。

总结来看，无论$\left(P_{g1}\overset{\text{ù}}{(\ddot{A})}_{j_{g1}^{0}}-P_{g3}\overset{\text{ù}}{(\ddot{A})}_{j_{g3}^{0}}-P_{g4}\overset{\text{ù}}{(\ddot{A})}_{j_{g4}^{0}}+P_{g2}\overset{\text{ù}}{(\ddot{A})}_{j_{g2}^{0}}\right)$为何值，$x_3$ 要么无意义，要么不存在。也就是说，x_3 不可能成为动态方程的稳定解。

（2）分析 x_1 解的存在状况。因为 $f'\left(x_1\right)=\left(P_{g4}\overset{\text{ù}}{(\ddot{A})}_{j_{g4}^{0}}-P_{g2}\overset{\text{ù}}{(\ddot{A})}_{j_{g2}^{0}}\right)>0$，根据微分方程稳定性定理，$x_1=0$ 也不可能为微分方程的稳定解。

（3）分析 x_2 解的存在状况。因为 $f'\left(x_2\right)=\left(P_{g3}\overset{\text{ù}}{(\ddot{A})}_{j_{g3}^{0}}-P_{g1}\overset{\text{ù}}{(\ddot{A})}_{j_{g1}^{0}}\right)<0$ 根据微分方程稳定性定理，$x_2=1$ 为微分方程的稳定解。

也就是说，当 $z_2+F-r_3(1-wv)>(1-wv)(2P_c-P_h-P_l)/2$ 时，$x_2=1$ 为微分方程的稳定解，此时农产品供应链协同中公司 g_i 选择“信任”是一种进化稳定策略，信任机制完善有效，农产品供应链可以通过学习机制实现协同利益。

证毕。

5.3.4　结论

在农产品供应链协同过程中，信任机制的完善程度是影响供应链协同运作的核心要素之一。农产品供应链节点主体间能否保持良好的信任关系，关键在于供应链信任约束机制是否健全。

在动态条件下，当 $z_1+F+r_3(1-wv)>[(1-wv)(P_h+P_l-2P_c)+(P_c-P_l)]/2$ 或 $z_2+F-r_3(1-wv)>(1-wv)(2P_c-P_h-P_l)/2$ 时，农产品供应链协同中“信任”是一种进化稳定策略，此时信任机制完善有效，供应链可以通过学习机制实现协同利益。也就是说，当存在完善的信任机制时，农产品供应链协同过程中博弈主体选择信任策略得到的平均收益比总体平均收益要高。在同样的博弈环境下，即使部分博弈主体选择了不信任策略，也会很快发现其收益并不如选择信任的得益大，于是在以后的交易中该类主体会通过学习机制修正策略进而选择信任策略，直到农产品供应链中的所有博弈主体都选择信任策略，并持续稳定地执行该策略。

5.4　本章小结

信任是对人、事件或者事实的属性所拥有的信心。供应链协同信任是链中一方对另一方实施己方预期行为的期望，是彼此面对风险或不确定性时的一种相互承诺与信赖。农产品供应链协同中的信任机制是维系节点成员间合作效能与存续的重要机制，影响并制约着供应链中节点成员间的交易行为，有利于减少农产品供应链的交易成本，促进供应链中节点成员的合作，稳定和提高农民收入。在农产品供应链协同过程中，农产品供应链的复杂性和层次性使农产品供应链协同的信任机制的构建面临众多因素的影响，且不同的因素通过不同的路径或手段影响信任的形成、巩固或稳定过程。如供应链中节点主体的竞争实力对比、供应链的信息共享水平、机会主义防范机制的完善程度、供应链节点成员间之间的相互依赖程度以及合作程序与供应链协同利益分配的公平等。

基于分析的简便与问题的侧重，本章从机会主义防范、相互依赖及利益公平三个角度，引入政府补贴、利润返补、专用性损失、保险费和期权费五个变量，并以动态价格下的灰矩阵博弈模型为基础，探讨了农产品供应链协同过程中的信任机制，结果表明，信任机制的完善程度是影响供应链协调同步稳定运行的核心要素。农产品供应链中节点主体能否保持良好的合作关系，供应链信任机制的健全与展现十分关键。在动态条件下，当政府补贴、利润返补、专用性损失、保险和期权以适当的形式组合实施或应用时，农产品供应链协同中的“信任”可以成为一种进化稳定策略，信任机制的效能能够得到完全发挥，供应链可以通过学习机制实现协同利益。

第6章
农产品供应链协同的信息共享机制研究

信息共享是提高供应链的协同水平、整体绩效和可持续发展能力的基础，但由诸多不确定性带来的信息共享的风险和阻力又抑制了供应链中上下游企业共享信息的积极性。因此，要消除影响供应链信息共享的风险和阻力，除了需要具备必要的技术手段外，重点在于信息共享激励机制的设计。当信息共享的理论激励模型和实际的需求结合并相互适应时，以信息共享为基础的农产品供应链协同的实现才真正成为可能。

6.1 信息共享的技术基础

信息共享是不同终端或客户端之间，基于网络或平台交流、管理、分享数据信息，以促进资源合理配置、节约交易成本、最大化整体收益一个重要手段。相比于早期的物流管理思想，成员协作是供应链管理更为关注的核心内容，而提高供应链协作水平的关键则是信息共享。

供应链信息共享是指链中成员的库存与销售、需求预测、订单状态、生产与配送计划、经营能力水平等一系列流程信息，能够在供应链中高效有序地流动和存储，以保证链中成员能够及时交换分享所需信息，并对不确定性需求进行快速响应。

信息共享的技术基础主要包括基础信息技术、系统信息技术和实时信息技术。高质量的信息传递与共享需要信息和通信技术系统的支持，先进的信息技术是提高供应链管理绩效的工具和手段。支撑供应链信息共享的基础信息技术主要包括标示代码技术、自动识别和数据采集技术、电子数据交换技术以及互联网技术等。而从技术实现的角度，系统信息技术支持层面更多涉及信息共享核心信息技术的应用，其主要包括电子订货系统、销售时点信息系统、企业资源计划、制造资源计划、即时生产制及计算机辅助技术等。实时信息技术支持层面则是对供应链前端信息实时共享的技术支持，其主要包括计算机辅助采购和物流支持、实时物流信息系统、实时信息采集技术等（图 6-1）。

6.2 信息共享的层级与模式

6.2.1 信息共享的层级

信息共享的层级是指在供应链的信息共享过程中，链中信息管理组织依据信息共享的所属内容、种类、目标、绩效及风险等将共享主体进行分级并授予相应的共享权限的结构形式。

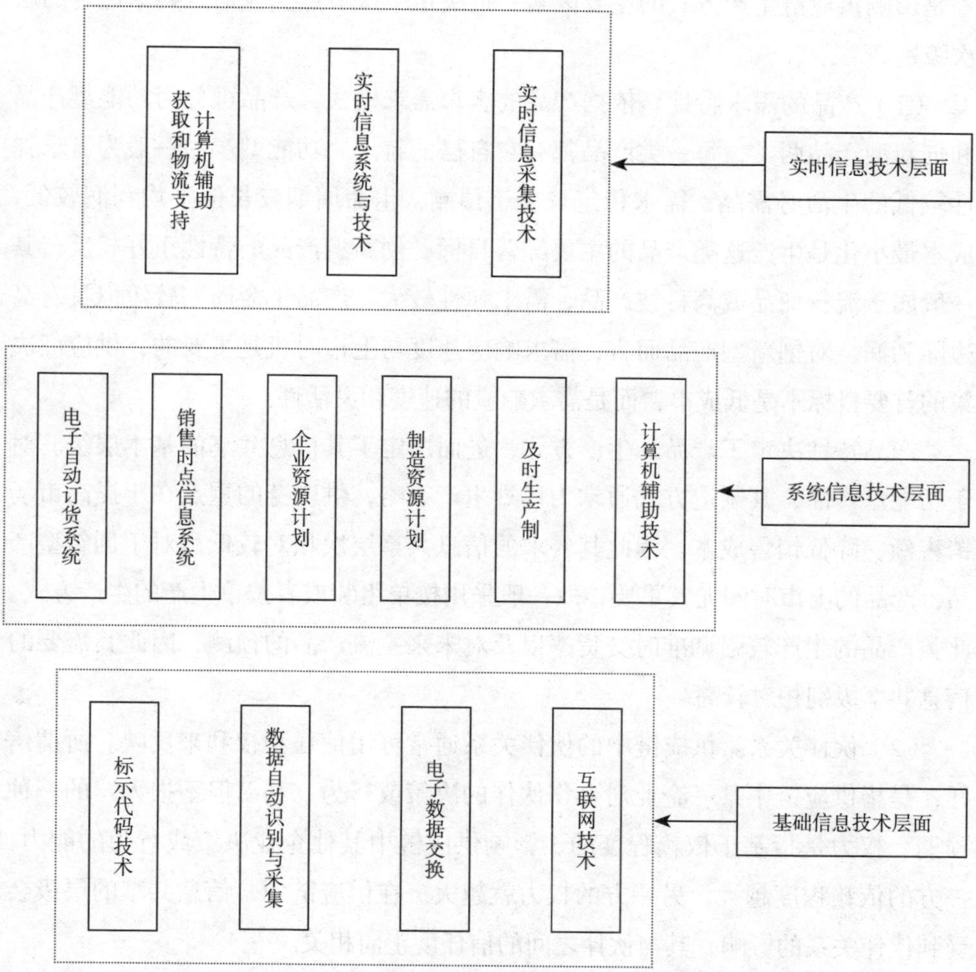

图6-1　供应链信息共享技术层面结构图

6.2.1.1　信息共享层级划分的依据

在供应链中，各节点企业既是信息共享的主体，又是信息共享的客体，即各节点企业是信息输入和输出的统一体。作为信息共享的主体，管控着哪些信息可以向外发布，以及哪些节点企业在何种程度上共享这些信息；作为信息共享的客体，接受哪些信息得以共享，自身处于何种信息共享的层级，这种差异化的信息共享体现了各节点企业在供应链中的地位差异、合作关系的密切程度等。产品特性、交易频度及信用度、业务合作关系密切程度以及信息技术水平等是影响供应链生产方式的主要因素，也决定了该节点企业信息共享适合的层次级别。

（1）产品的需求特性。依据产品的客户需求模式，产品可分为功能型产品和创新型产品两类，每一类产品都有它自己的特点。功能型产品一般为需求弹性较低的生活必需品，需求稳定且易于预测，生命周期较长但平均利润较低，成本最小化是生产这类产品的主要经营目标；创新型产品的特性正好相反，其一般属于流行商品或高科技产品，需求弹性较大、产品生命周期较短但具有高边际利润。对创新型产品而言，需求响应速度与上市时机是主要的，供应商决策的首要目标不是低成本，而是需求响应的速度和灵活性。

产品特性决定了产品的生产方式，进而决定了其信息共享的基本层级。对于功能型产品，其制造方式通常为计划生产策略，供应链的重点在于提高市场销售额、降低销售成本，因此其要求的信息共享层次相对较低。对于创新型产品，产品的上市时间尤其重要，故一般采用按单组装或者按单生产的生产方式。此类产品的生产较强调准时交货率以及对未来主流产品的预测，因此其需要的信息共享级别相对较高。

（2）伙伴关系。供应链中的伙伴关系通常可用信任和权利来反映。所谓信任，是指供应链中某一企业对合作伙伴的决策或行为“利己但不损人”的一种预期。权力是指基于依赖程度的、影响供应链中其他企业决策或行为的能力。一方的依赖程度越大，另一方的权力就越大。在供应链中，信息共享的层级会受到伙伴关系的影响，其与伙伴之间的信任度正向相关。

根据企业之间合作的密切程度，供应链中企业之间的伙伴关系可分为非合作伙伴、次要合作伙伴、重要合作伙伴三类。企业之间密切程度越高，其信任度就越高，信息共享的层级也越高。依此可知，在供应链的伙伴关系中，非合作伙伴的共享层级相对最低，重要合作伙伴信息共享的层级相对最高。

（3）交易方式。根据奥利弗·威廉姆森的观点，随着交易方式的变化，企业组织开始从层级结构向内部市场转变。供应链中的企业组织基于产品生产需要内部自行生产初级产品或从特定市场上购买，此交易方式尽管协调成本较低，但生产成本一般相对较高。而通过市场，以自由议价的方式与外部专业化企业进行交易以获得必需的初级产品，其生产成本显然相对更低，但促成交易达成的协调成本也更高。因此，总体看来，生产成本愈高，交易愈频繁，交易对象愈少，交易方式则越易于转变成层级。当供应链中企业间的交易方式趋向层级时，信息共享仅存在于少数几个交易对象之间，信息外溢可能性较低，其信息共享就可以处于较高层级；反之，当交易方式倾向市场时，较多的交易对象会使企业对信息共享潜在的风险有所忌惮，其信息共享层级通常相对较低。

（4）IT 应用程度。企业 IT 应用程度也影响着供应链中企业之间的信息共享层级。IT 应用程度越高，企业接受信息共享的能力和意愿就越高。与此对应，企业对自身在 IT 应用上成熟度的评估，有利于决策其信息共享适用层级。选择层级过高，显然力有不逮；选择层级过低，则降低了信息共享的应有效果。

6.2.1.2　供应链中信息共享的层级划分

在供应链中，信息纷繁复杂，但亦可归结成类。例如，依据供应链中信息的来源方向可将其分为上游信息和下游信息；依照供应链中信息的内容可将其分为销售信息、促销信息、库存信息、生产信息、订单信息、产品设计及上市信息、预测信息、采购信息等；按照供应链中信息的运作层面可将其分为战略层信息、战术层信息和操作层信息；在供应链信息共享的实施过程中，不同运作层面的信息通常具有不同的信息共享程度、信息共享内容、信息共享目标以及信息共享绩效（表 6-1）。

表6-1　供应链中信息共享的层级

动作层面	操作层	战术层	战略层
共享内容	普通交易和流程信息	普通的企业运营信息	需求预测及产品开发等战略信息
信息种类	品种、价格及其他订单相关信息等	生产库存信息、供货送货信息等	预测信息、促销信息、新产品设计及上市等
共享程度	较低	一般	较高
共享目标	减少订单处理时间；降低订单处理成本	降低库存成本；减少产销成本	提高对不确定需求的快速响应能力
共享绩效	减少交易费用	缓解牛鞭效应、提高运营效率	提高客户满意度
共享风险	较低	一般	较高

对应供应链中信息运作层面的分类方法，各节点企业可依据产品特性、节点间的交易频度及信用度、业务合作关系密切程度以及信息技术水平等影响因素来选择合适的信息共享层级。例如，当供应链主营产品为功能型产品时，节点企业之间通常采用操作层信息共享方式；如果供应链主营产品为创新型产品时，节点企业间可采用战术层信息共享或战略层信息共享。相对而言，创新型产品供应链中的各节点企业更倾向共享战略层信息，以共同分析预测市场需求，协同设计或改进产品，从而快速响应日益个性化的、不确定性的市场需求。基于各节点企业之间合作关系的密切程度，对于非合作伙伴，通常仅给予操作层信息共享的层级；对于次要合作伙伴，一般以授权访问的方式共享战术层信息；而对于重要合作伙伴，则可以赋予更高的共享层级权力，允许共享战略层信息。当企业之间的倾向层级交易时，一般采用战术层信息共享或战略层信息共享；反之，如果企业之间的交易方式倾向于市场时，则通常选择操作层信息共享方式。对于 IT 应用或信息技术应用程度较低的企业，操作层信息共享是加强彼此联系的合理方式；而对于 IT 应用程度较高的企业，则可以授予战术层或战略层信息共享的层级（表 6-2）。

表6-2 信息共享主要影响因素的差异化层级选择

影响因素	类别	信息共享层级	决选标准
功能型产品	产品特性	操作层	需求稳定且易于预测、成本最小化
创新型产品	产品特性	战术层或战略层	需求不稳且难以预测、最大化快速响应能力
非合作伙伴	伙伴关系	操作层	合作关系不密切
次要合作伙伴	伙伴关系	战术层	合作关系较密切
重要合作伙	伙伴关系	战略层	合作关系很密切
层级交易	交易方式	战术层或战略层	交易内部化
市场交易	交易方式	操作层	市场自由议价
IT应用程度低	IT应用程度	操作层	信息共享能力不足
IT应用程度高	IT应用程度	战术层或战略层	信息共享能力较强

6.2.2 信息共享的模式

供应链是以核心企业为中心的、由不同主体构成的整体功能网链。尽管各主体拥有共同的供应链目标，但其自身也具有一定的独立性，具有不同的资源约束、地理分布。因此彼此独立又相互联系的各主体如何协调一致、共享信息，是供应链管理成功运作的基础。

6.2.2.1　信息共享模式分类

信息流是供应链中各主体有机联结的纽带。依据供应链的组织结构、经营目标及信息技术水平以及管理方式的不同，供应链信息共享呈现不同的结构和模式，主要有链式信息传递共享模式、信息传递共享模式、第三方共享模式及信息集中共享模式四种模式。

第一，链式信息传递共享模式。供应链是控制和管理物料流、资金流和信息流的一个有机系统。在早期的供应链管理中，信息流仅为伴随物料流、价值流出现的附属物，并以简单的链状结构呈现，其信息传递和交换主要发生在链中相邻节点之间，其他节点获得的共享信息通常需经过超过一个环节的传递，信息滞后、信息失真及复杂供应链的欠适性使得该模式下的供应链信息共享效率十分低下。随着供应链信息技术的快速发展和广泛应用，链式信息传递共享模式已完全滞后于现代供应链信息管理的基本要求（图 6-2）。

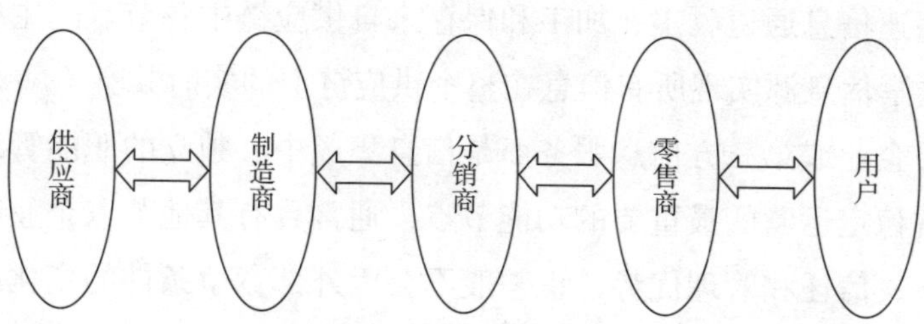

图6-2　链式信息传递共享模式

第二，信息传递共享模式。信息传递共享模式是指供应链中伙伴企业通过自身建立的信息系统实现彼此间信息传递和信息共享的模式。这种模式以电子数据交换（EDI）为技术基础，是 EDI 数据交换和信息共享系统在供应链上下游的扩展和集成。其运作方式是供应链中某一企业通过自建的信息系统，采用EDI技术将链中其他企业传递过来的信息存放在自有数据库中，以实现彼此间的信息传递和交流。基于EDI技术的实施要求，信息传递共享模式要求链中企业以统一的商业操作标准和标准的报文形式以及传输方式来传递和交流信息。

信息传递共享模式是直链式信息传递模式到网络信息传递模式的演变，是相邻节点之间简单的信息交换到整个供应链信息网状传递的扩展。在图6–3中，来自企业B（A）信息系统的信息通过企业A（B）的信息系统，最后存放到企业A（B）的数据库中。相比直链式信息传递模式，信息传递共享模式中每个节点均为信息共享的平等主体，并通过网状链接使链中信息得到共享，该模式的优点在于提升了供应链中信息传递的效率和准确性，缺点在于增加了链中信息的处理成本，且信息共享的整体协调性也没有得到根本改善。

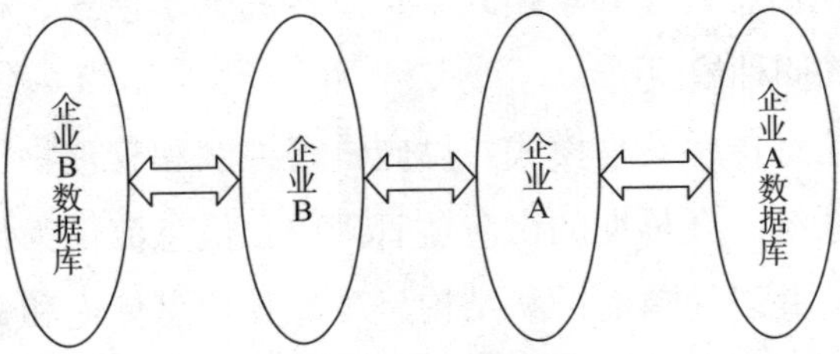

图6–3　信息传递共享模式

第三，第三方共享模式。为了提高供应链信息管理的效率，第三方共享模式构建了一个独立于供应链之外的信息功能节点——信息集成中心。信息集成中心通过高速信息通道收集、加工和保存来自供应链中各节点的主要信息，并以此作为共享信息源实现所有信息在整个供应链上的实时共享（图6–4）。供应链中的核心企业或第三方信息服务商是信息集成中心独立的职能管理机构，是供应链正常稳定运营的最重要的功能节点，通常具有其他节点企业难以比拟的技术、资金、信任和管理优势，也一般不会因外部竞争条件的变化或自身收益状况的恶化而轻易脱离供应链。因此，作为构建信息集成中心最大的利益相关体，核心企业无论是从技术、资金上还是从管理动机和水平上，均有利于维持和保证信息集成中心运营的高效性、稳定性。

与供应链中的核心企业相比，第三方信息服务商也能够保证信息集成中心稳定发挥信息共享的核心职能，但独立于供应链的第三方性质使第三方信息服务商在职能行使上具有更强的专业性，在经济利益上具有更强的独立性，更有利于供应链中有效信息的收集、加工和保存以及提供专业化的信息共享服务，也有利于核心企业专心于自身核心业务。

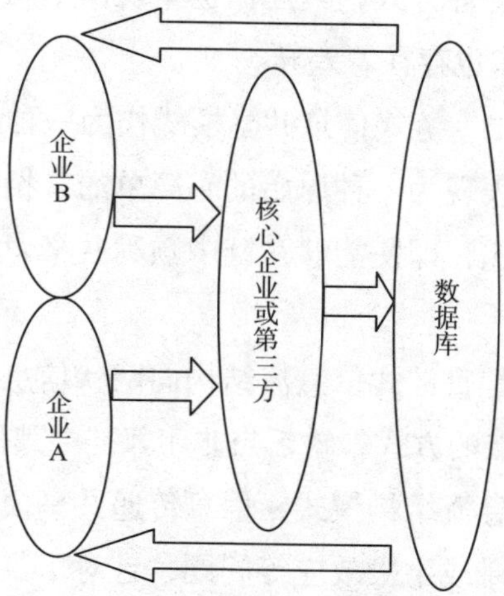

图6-4　第三方共享模式

第四，信息集中共享模式。与第三方共享模式类似，信息共享平台作为一个独立于供应链之外的新的功能节点，发挥着信息收集、处理、存储及发送的职能，并以此作为信息共享源来实现信息在企业内部数据库和信息共享平台间的实时共享。与第三方信息共享模式不同的是，信息服务商仅对平台的运行进行开发维护而不提供具体的信息服务，共享信息的控制或层级等由链中节点企业自行协商决定，基于此，信息集中共享模式在信息共享的安全性和可控性能得到一定程度的保证（图 6-5）。

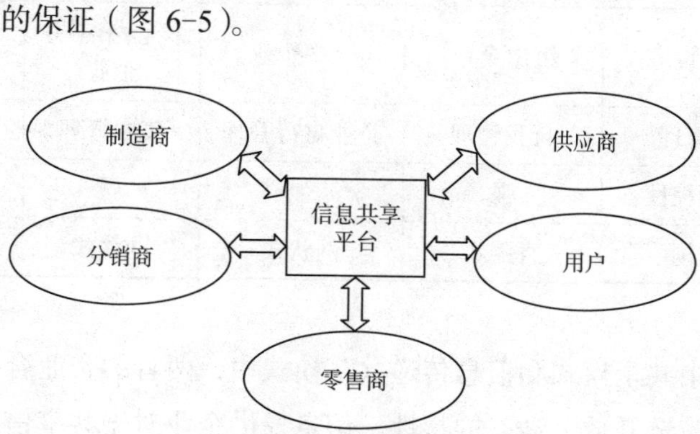

图6-5　信息集中共享模式

6.2.2.2　信息共享模式比较

供应链的组织结构及信息技术水平影响并决定信息共享的模式，不同的信息共享模式存在不同的管理方式，其运作也呈现出不同的可控性、灵活性，对供应链的稳定运行的要求也存在着差异。

从表 6–3 中可以看出，链式信息共享模式作为一种最传统的供应链信息流管理模式，其信息共享表现为一种原始的、简单的、粗放的运作方式，信息流在链中两两节点之间传递，即使能够在链中顺利共享，也会产生严重的信息延滞及失真问题。

信息传递共享模式是直链式信息流结构向网状信息流结构演变，但其信息交流和传递仍然为点对点的方式，缺乏与非相邻链中其他企业的直接信息交流。而基于这种点对点的信息流结构模式，信息传递共享模式和链式信息共享模式一样，也会产生信息延滞或牛鞭效应等问题，且对于供应链的成本控制和快速响应也会力不从心。

表6–3　供应链信息共享模式的比较

比较项目	链式信息共享模式	信息传递共享模式	第三方共享模式	信息集中共享模式
信息传递对应关系	点对点	点对点	一对多	多对多
共享模式的灵活性	低	高	低	高
供应链稳定性要求	高	高	高	低
信息共享的建设方	链中企业	链中企业	核心/第三方企业	第三方
信息共享的管理	自我管理	企业自行管理	集中管理	企业自行管理
信息共享的可控性	强	强	弱	强
信息流的结构	直链式	网状式	网状式	轮辐式结构

在信息集中共享模式和信息传递共享模式中，两者的企业合作关系都较为灵活，符合供应链开放、动态的特性。信息提供企业对于共享信息也拥有很强的可控制能力，有利于链中企业的自我保护。二者的差别主要体现在信息共享

企业的对应关系、信息共享的建设方及信息流的结构模式三个方面。例如，在信息传递共享模式下，每个企业均作为信息共享的建设方，拥有自己的数据库并以点对点方式直接与链中其他企业实行信息共享。而在信息集中共享模式下，信息共享中心（平台）通常由独立的第三方构建与运营，并以多对多的形式与链中其他企业实现信息共享。另外，信息集中共享模式下的信息建设成本一般较难分摊，且通常难于有效监管信息共享服务提供商。

第三方信息共享模式的特点介于信息传递共享模式和信息集中共享模式之间，其信息共享平台的建设方通常为链中核心企业或第三方信息服务商，信息以网状结构的形式在供应链中流动并由核心企业或第三方集中管理，并最终以一对多的方式与链中其他企业实现信息共享。和信息集中共享模式一样，其一对多的信息流结构有利于以较低的成本实现信息的稳定实时共享，并极大程度地克服了点对点信息流结构中信息因逐级传递造成的牛鞭效应。信息中心为链中所有节点企业不仅提供了一个便捷的信息交流平台，也使供应链的决策方式由分散转变为集中，并因此提高了供应链对不确定性需求的快速响应及整体协调能力。

6.3 农产品供应链协同中的信息共享机制分析

信息共享是供应链协同管理的前提，它需要供应链中各方主体的积极参与。信息共享能够提高供应链协同价值的同时，也需要付出高昂的成本，因此合理有效的信息共享机制是实现供应链信息协同的关键。本节在对农产品供应链主体的合作行为进行基本分析的基础上，重点探讨如何构建激励农产品供应链核心企业提高信息共享努力水平的激励机制，并在此基础上进行相应的理论和数据分析。

6.3.1 农产品供应链协同中信息共享主体的合作行为分析

在农产品供应链中，经销或加工企业（简称公司，下同）一般为整个供应链进行组织、协调和控制的主导者。从公司角度来看，农产品供应链中的其他参与者相对公司拥有信息优势（代理人），公司处于信息劣势（委托人）。公司出于利益最大化动机在最大化农产品供应链整体收益时需要链上其他参与者的配合与协作。由于不可能通过行政方式指令其他参与者的行动，公司除了在农产品供应链中强调合作意识、宣讲共同愿景外，只能通过契约激励的手段来获得其他参与者的支持或约束其违约行为。公司要获得其他参与者（简称农户，下同）的协作，在设计激励契约时，必须充分考虑农户的利益诉求，从委托代理的角度看，需满足如下两个条件：

第一，参与约束（又称为激励相容约束）。农产品供应链中，参与者的资产和利润均由自己支配，某种程度上也可自主决定参与或退出农产品供应链，而参与农产品供应链的基本条件是要相对获得更多的利益。要激励农户参与者积极参与农产品供应链，从利益获得的角度来看，必须使农户参与者接受契约时的所得利益应至少不低于不参与农产品供应链或不接受契约时的利益所得。也只有满足了上述激励约束，农户才有可能参与农产品供应链的运作。

第二，个人理性约束。对“经济人”来讲，参与者都是理性的，即一定的条件下追求自身利益的最大化是所有参与者的理性目标。农产品供应链的参与者当然也不例外，因此公司在设计农产品的激励机制时，除了必须满足农户参与者的参与约束外，农户参与者的利益最大化也是必不可少的条件之一。

完美的激励契约表现在既充分考虑了参与者的“理性”利益诉求，又激励了参与者出于自身利益最大化使得供应链整体利益得以最大化。显然，要使农产品供应链协同稳定地运行，公司应在满足农户参与约束和理性约束的基础上，探求最优的激励机制以实现自身利益的最大化。事实上，在农产品供应链中，公司理论上可以通过精心构造契约的形式来实现农户个人利益与农产品供应链集体利益的统一。从图 6-6 来看，当农户利益或公司利益（个人利益）与农产品供应链利益（集体利益）的夹角小于 90 度时，个人利益一定会在集体利益上有正的投影，也就是说最大化个人利益总会对集体利益有积极的作用。极端情况下，当上述二者的夹角为 0 度时，个人利益的最大化会全部加和于集体利益。

通常情况下，农产品供应链协同下的整体利益会大于供应链参与者单独行动时的利益所得之和。因此，具体到农产品供应链中的信息共享激励，公司在要求农户积极采取信息共享的行动时，通过构造适当的信息共享激励合同，在满足农户参与约束和理性约束的同时，可实现公司和农产品供应链整体利益的最大化。

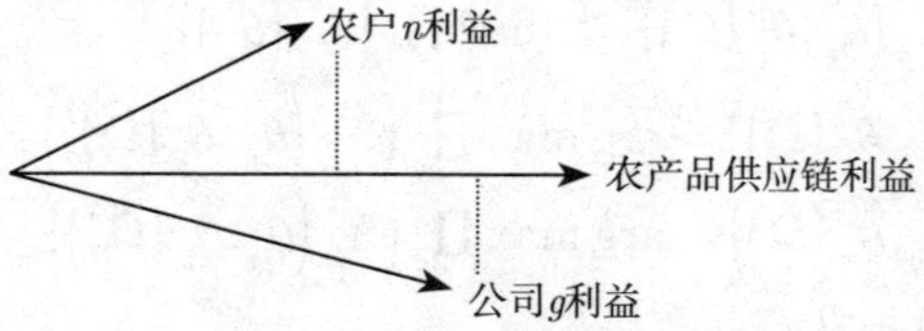

图6-6　农产品供应链个人利益和整体利益关系示意图

6.3.2　农产品供应链协同中信息共享激励机制的概念模型

一个完整农产品供应链通常由生产资料供应商、农户或协会、农产品加工或流通公司、农产品分销商和消费者组成。出于研究的目的性和便捷性，本节仅考虑由一个农户和一个农产品加工公司组成的简单二级农产品供应链，分别用 Π、Π_n、Π_g 表示供应链的整体效用、农户效用和农产品加工公司效用，用 θ_n、θ_g 分别表示农户和农产品加工公司的信息集，用 X_n、X_g 分别表示依赖于信息集的农户和农产品加工公司的决策向量，供应链参与者依据自己所掌握的信息制定决策。在信息不能共享时，农户和农产品加工公司只有依据私有信息进行决策，此时供应链决策模型可表示为：

$$\begin{cases}\Pi = \Pi_n\left(X_n\left(\theta_n\right)\right) + \Pi_g\left(X_g\left(\theta_g\right)\right) & (6.1)\\ \left(IC\right)\begin{cases}X_n\left(\theta_n\right) = \arg\max \Pi_n\left(X_n\left(\theta_n\right)\right) & (6.2)\\ X_g\left(\theta_g\right) = \arg\max \Pi_g\left(X_g\left(\theta_g\right)\right) & (6.3)\end{cases}\end{cases}$$

现假设该农产品供应链中存在促进农户和农产品加工公司信息共享的有激励机制 Ω，因此，当双方决策时，农户除拥有私有信息 θ_n 外，还拥有部分来自信息共享激励机制的农产品加工公司的信息 θ_g（Ω）；同样，农产品加工公司除拥有私有信息 θ_g 外，同样还拥有部分来自信息共享激励机制的农户的部分信息 θ_n（Ω）。在此情况下，由于决策双方的信息集发生了变化，双方的决策信任也会发生变化。此时模型可表示为：

$$\begin{cases}\Pi=\max\left(\Pi_n\left(X_n\left(\theta_n,\theta_g\left(\Omega\right)\right)\right)+\Pi_g\left(X_g\left(\theta_g,\theta_n\left(\Omega\right)\right)\right)\right) & (6.4)\\ \left(IR\right):\begin{cases}\Pi_n\left(X_n\left(\theta_n,\theta_g\left(\Omega\right)\right)\right)\geqslant\max\Pi_n\left(X_n\left(\theta_n\right)\right) & (6.5)\\ \Pi_g\left(X_g\left(\theta_g,\theta_n\left(\Omega\right)\right)\right)\geqslant\max\Pi_b\left(X_g\left(\theta_g\right)\right) & (6.6)\end{cases}\\ \left(IC\right):\begin{cases}X_n\left(\theta_n,\theta_g\left(\Omega\right)\right)=\arg\max\Pi_n\left(X_n\left(\theta_n,\theta_g\left(\Omega\right)\right)\right) & (6.7)\\ X_g\left(\theta_g,\theta_n\left(\Omega\right)\right)=\arg\max\Pi_g\left(X_g\left(\theta_g,\theta_n\left(\Omega\right)\right)\right) & (6.8)\end{cases}\\ \left(IS\right):\begin{cases}\theta_n\left(\Omega\right)\subseteq\theta_n\\ \theta_g\left(\Omega\right)\subseteq\theta_g\end{cases}\end{cases}$$

上述模型中，提高农产品供应链的整体效用是激励机制的设计目标。其中，式（6.4）模型的目标函数表示农产品供应链信息共享激励机制下的最大化效用；式（6.5）和式（6.6）分别为农户和农产品加工公司在激励机制下受到的参与约束（IR），表示在激励机制下农户和农产品加工公司的效用所得至少不低于不参与信息共享时的最大效用，这意味着信息共享的激励机制如果不能实现农户和农产品加工公司效用的帕累托改进，供应链就不会实现信息共享；式（6.7）和式（6.8）表示在激励机制下农户和农产品加工公司都将采取最大化自己效用的决策。（IS）表示农产品供应链的信息集约束。“$\subseteq$”表示激励机制能够促使双方共享部分或全部私有信息，信息共享可能是部分的，也可能是全部的，即农产品供应链中的信息可能为非对称的，也可能是对称的。

6.3.3 农产品供应链协同中的信息共享激励机制模型

6.3.3.1 模型假设

在“农户—公司”这一简单二级农产品供应链中，由于农产品加工企业（简称公司）一般在农产品供应链中扮演组织者的核心角色，而且基于其相对较大的投入，农产品加工企业在农产品供应链的利益分配中通常占有最大的份额，因此农产品加工企业在供应链协同过程中更多地倾向于的信息共享。相对而言，农户的投入较少，其利益分配比例也相对较少，为了获得更多的利益或者降低生产经营风险，农户可能会利用其相对较多的私人信息获得机会主义行为的好处。因此，建立一种农产品供应链协同中的信息共享机制，在不改变信息结构的情况下，通过对农产品供应链协同价值的合理协调和让渡，以激励供应链中主体在信息共享投入方面的努力水平，最终实现农产品供应链协同过程中的信息共享。

在信息共享的过程中，信息共享的投入有可能不能完全为供应链中的合作对象所观测到，因此模型分别从信息非对称和信息对称两个视角进行分析。模型基本假设如下：

假设 1：农产品加工企业与农户进行两阶段的合作博弈，分别拥有私人信息 θ_g、θ_n 与部分信息共享激励机制作用下的共享信息 θ（Ω）；Ω 为信息共享激励机制。

假设 2：在农产品加工企业与农户进行两阶段的合作博弈过程中，每阶段农户从事两方面努力：z_i 表示 i 阶段农户信息共享的努力水平，z_i 越大，表示农户信息共享的积极性或者说信息共享的努力水平越高，反之越低。w_i 表示 i 阶段农户满足公司需要的供应能力，满足公司需要的供应能力包括农户的信誉及实力等因素，w_i 越大表示农户满足公司需要的供应能力越强，反之越低。

假设 3：i 阶段农户投入信息共享的努力成本与 i 阶段农户为获得满足公司需要的供应能力而支出的成本分别为：

$$C\left(z_i\right)\frac{1}{2}c_z z_i^2 \tag{6.9}$$

$$C\left(w_i\right)\frac{1}{2}c_w w_i^2 \tag{6.10}$$

其中 $c_z > 0$ 表示农户信息共享的努力成本系数。$c_w > 0$ 表示农户获得一定供应能力的支出成本系数。

假设 4：假设第一阶段农产品供应链的柯布—道格拉斯生产函数为：

$$P\left(z_1, w_1\right) = z_1^{\beta} w_1^{1-\beta} + \xi_1 \tag{6.11}$$

其中，β 为农户信息共享努力水平的产出弹性。由于农户在 i-1 期的信息共享努力投资在 i 期仍有一定的滞后收益，现假设滞后收益系数为 $0<r<1$，根据前文对滞后收益系数的定义，此时第 i 阶段农产品供应链的总产出函数为：

$$P\left(z_i, w_i\right) = z_i^{\beta} w_i^{1-\beta} + \xi_i + rP\left(z_{i-1}, w_{i-1}\right) \tag{6.12}$$

其中，ξ_i 为随机变量，代表第 i 阶段外生不确定因素对供应链产出的影响，为分析便利，假设 $\xi_i \in$（0，σ_ξ^2）。

假设 5：第一阶段农产品供应链产出的理性预期为：

$$\bar{P} = E\left[P\left(z_1, w_1\right) + \xi_1\right] = z_1^{\beta} w_1^{1-\beta} \tag{6.13}$$

假设 6：为了激励农户对信息共享努力的投入，公司对农户提供一份信息共享激励合同。现采用国内外相关研究中广泛使用的线性合同形式：

$$S\left(z_i, w_i\right) = \phi_i + \varphi_i P_i \tag{6.14}$$

上式中，ϕ_i 为固定报酬，$\phi_i > 0$；ϕ_i 为农户第 i 阶段分享的信息共享价值份额，$0 < \phi_i < 1$。

假设 7：公司的风险态度为风险中性；农户的风险态度为风险规避，其效用函数具有不变绝对风险规避特征，绝对风险规避度为 ρ，i 阶段农户的风险成本 C_{F_i} 为：

$$C_{F_i} = \frac{1}{2}\rho \operatorname{var}\left(S\right) = \frac{1}{2}\rho \varphi_i^2 \sigma_\xi^2 \tag{6.15}$$

假设 8：$\overline{W_i} > 0$ 为 i 阶段农户的保留效用，R 为贴现率且 $0 < R < 1$。r 为滞后收益系数，表示当期投入表现为下期收益的比例，$0 < r < 1$。

6.3.3.2 模型构建

由上述假设可知，i（$1 < i \leqslant n$）阶段农户的确定性等价[1]收入为：

$$U_{ni} = E\left\{S\left(z_i, w_i\right) - C_{z_i} - C_{w_i} - C_{F_i}\right\}$$

首先考虑第 i 阶段的信息共享最优激励合同。在第 i 阶段合作前，公司在观察到农产品供应链第 i-1 阶段的实际产出 P（z_{i-1}，w_{i-1}）后，公司第 i 阶段的确定性性等价收入即为在农产品供应链第 i-1 阶段实际产出的基础上，供应链的第 i 阶段实际产出减去第 i 阶段公司对农户信息共享投入的激励性支付。据此，公司第 i 阶段的确定性等价收入 U_{g_i} 为：

[1] 确定性等价的本质是指通过某种机制将不确定性问题转换为确定性问题。可参考马斯．科奈尔的《微观经济理论》。

$$U_{g_i}=E\left\{\left[P\left(z_i,w_i\right)-S\left(z_i,w_i\right)\right]/P\left(z_{i-1},w_{i-1}\right)\right\} \tag{6.16}$$

$$\Rightarrow U_{g_i}=E\left\{\left[\left(1-\phi_i\right)P\left(z_i,w_i\right)-\phi_i\right]/P\left(z_{i-1},w_{i-1}\right)\right\} \tag{6.17}$$

$$\begin{aligned}\Rightarrow U_{g_i}&=E\left\{\left[\left(1-\phi_i\right)\sum_{k=1}^{i}r^{i-k}\left(z_k^{\beta}w_k^{1-\beta}+\xi_k\right)-\phi_i\right]/P\left(z_{i-1},w_{i-1}\right)\right\}\\&=\left(1-\phi_i\right)\sum_{k=1}^{i}r^{i-k}\left(z_k^{\beta}w_k^{1-\beta}+\xi_k\right)-\phi_i\end{aligned} \tag{6.18}$$

由于农户的对待风险的态度是风险规避且绝对风险规避度设为 ρ，i 阶段农户的风险成本为 C_{F_i}，在风险规避条件下，对应第 i 阶段农户的确定性等价收入 U_{n_i} 为：

$$\begin{aligned}U_{n_i}&=E\left\{S\left(z_i,w_i\right)-C_i-C_{w_i}-C_{F_i}\right\}\\&=\phi_i\sum_{k=1}^{i}r^{i-k}\left(z_k^{\beta}w_k^{1-\beta}+\xi_k\right)+\phi_i-\frac{1}{2}c_z z_i^2-\frac{1}{2}c_w w_i^2-\frac{1}{2}\rho\phi_i^2\sigma_{\xi_i}^2\end{aligned} \tag{6.19}$$

而要提高农户信息共享投入的积极性，必须确保第 i 阶段农户确定性等价收入的最大化。即第 i 阶段农户激励约束（IC）为：

$$\left(z_i,w_i\right)\in\arg\max_{z_i,w_i}\left\{F\left(z_i,w_i\right)=\phi_i\sum_{k=1}^{i}r^{i-k}\left(z_k^{\beta}w_k^{1-\beta}+\xi_k\right)+\phi_i-\frac{1}{2}c_z z_i^2-\frac{1}{2}c_w w_i^2-\frac{1}{2}\rho\phi_i^2\sigma_{\xi_i}^2\right\}$$

同理，为了让农户能积极参与信息共享，第 i 阶段农户信息共享时的最大化效应必须大于或等于其保留效应 $\overline{W_i}$，第 i 阶段农户参与约束为：

$$\phi_i\sum_{k=1}^{i}r^{i-k}\left(z_k^{\beta}w_k^{1-\beta}+\xi_k\right)+\phi_i-\frac{1}{2}c_z z_i^2-\frac{1}{2}c_w w_i^2-\frac{1}{2}\rho\phi_i^2\sigma_{\xi_i}^2\geqslant\overline{W_i} \tag{6.20}$$

这样，构建的农产品供应链信息共享激励机制实际上等价于求解下列优化问题，因此第 i 阶段博弈模型为：

$$\begin{cases}\max\limits_{\phi_i,\phi_i}\left\{\left(1-\phi_i\right)\sum_{k=1}^{i}r^{i-k}\left(z_k^{\beta}w_k^{1-\beta}+\xi_k\right)-\phi_i\right\}\\ s.t.\begin{cases}(IR):\phi_i\sum_{k=1}^{i}r^{i-k}\left(z_k^{\beta}w_k^{1-\beta}+\xi_k\right)+\phi_i-\frac{1}{2}c_z z_i^2-\frac{1}{2}c_w w_i^2-\frac{1}{2}\rho\phi_i^2\sigma_{\xi_i}^2\geqslant\overline{W_i}\\(IC):\left(z_i,w_i\right)\in\arg\max\limits_{z_i,w_i}\left\{F\left(z_i,w_i\right)=\phi_i\sum_{k=1}^{i}r^{i-k}\left(z_k^{\beta}w_k^{1-\beta}+\xi_k\right)+\phi_i-\frac{1}{2}c_z z_i^2-\frac{1}{2}c_w w_i^2-\frac{1}{2}\rho\phi_i^2\sigma_{\xi_i}^2\right\}\end{cases}\end{cases}$$

在第 i 阶段的信息共享最优激励合同设计出来后，现站在全局最优化的角度来设计第 i–1 阶段的合同。根据前文假设公司两阶段的总确定性等价收入可以表示为：

$$U_{g_{(i-1,i)}}=U_{g_{i-1}}+RU_{g_i}$$
$$\Downarrow$$
$$U_{g_{(i-1,i)}}=E\left\{P\left(z_{i-1},w_{i-1}\right)-S\left(z_{i-1},w_{i-1}\right)+R\left[P\left(z_i,w_i\right)-S\left(z_i,w_i\right)\right]\right\} \tag{6.21}$$
$$\Downarrow$$
$$U_{g_{(i-1,i)}}=\left(1-\phi_{i-1}\right)\sum_{k=1}^{i-1}r^{i-k-1}\left(z_k^{\beta}w_k^{1-\beta}+\xi_k\right)-\phi_{i-1}+R\left[\left(1-\phi_i\right)\sum_{k=1}^{i}r^{i-k}\left(z_k^{\beta}w_k^{1-\beta}+\xi_k\right)-\phi_i\right] \tag{6.22}$$

同理，农户两阶段的总确定性等价收入可以表示为：

$$U_{n_{(i-1,i)}}=U_{n_{i-1}}+RU_{n_i}$$
$$\Downarrow$$
$$U_{n_{(i-1,i)}}=E\left[S\left(z_{i-1},w_{i-1}\right)+RS\left(z_i,w_i\right)\right] \tag{6.23}$$
$$\Downarrow$$
$$\begin{aligned}U_{n_{(i-1,i)}}=&\sum_{k=1}^{i-1}r^{i-k-1}\left(z_k^{\beta}w_k^{1-\beta}+\xi_k\right)+\phi_{i-1}-\frac{1}{2}c_z z_{i-1}^2-\frac{1}{2}c_w w_{i-1}^2-\frac{1}{2}\rho\phi_{i-1}^2\sigma_{\xi_{i-1}}^2\\&+R\left\{\phi_i\sum_{k=1}^{i}r^{i-k}\left(z_k^{\beta}w_k^{1-\beta}+\xi_k\right)+\phi_i-\frac{1}{2}c_z z_i^2-\frac{1}{2}c_w w_i^2-\frac{1}{2}\rho\phi_i^2\sigma_{\xi_i}^2\right\}\end{aligned} \tag{6.24}$$

为了让农户能参与到信息共享当中来，模型必须满足参与约束，即农户参与约束（IR）为：

$$U_{n_{(i-1,i)}}\geqslant\overline{W_{i-1}}+R\overline{W_i} \tag{6.25}$$

如果公司不能观测到农户的努力水平，农户根据最大化自身利益的原则选择努力水平，模型必须满足激励相容原理（IC）：

$$\left(z_{i-1},w_{i-1}\right)\in\underset{z_{i-1},w_{i-1}}{\arg\max}\,U_{n_{(i-1,i)}} \tag{6.26}$$

则第 i-1 阶段农产品供应链中农户和公司双方的博弈模型如下：

$$\max_{\phi_{i-1}}\left\{\left(1-\phi_{i-1}\right)\sum_{k=1}^{i-1}r^{i-k-1}\left(z_k^{\beta}w_k^{1-\beta}+\xi_k\right)-\phi_{i-1}+R\left[\left(1-\phi_i\right)\sum_{k=1}^{i}r^{i-k}\left(z_k^{\beta}w_k^{1-\beta}+\xi_k\right)-\phi_i\right]\right\}$$
$$s.t.\begin{cases}(IR):\left\{\begin{aligned}&\sum_{k=1}^{i}r^{i-k-1}\left(z_k^{\beta}w_k^{1-\beta}+\xi_k\right)+\phi_{i-1}-\frac{1}{2}c_z z_{i-1}^2-\frac{1}{2}c_w w_{i-1}^2-\frac{1}{2}\rho\phi_{i-1}^2\sigma_{\xi_{i-1}}^2\\&+R\left\{\phi_i\sum_{k=1}^{i}r^{i-k}\left(z_k^{\beta}w_k^{1-\beta}+\xi_k\right)+\phi_i-\frac{1}{2}c_z z_i^2-\frac{1}{2}c_w w_i^2-\frac{1}{2}\rho\phi_i^2\sigma_{\xi_i}^2\right\}\end{aligned}\right\}\geqslant\overline{W_{i-1}}+R\overline{W_i}\\(IC):\left(z_{i-1},w_{i-1}\right)\in\max\limits_{z_{i-1},w_{i-1}}\left\{\begin{aligned}&F\left(z_{i-1},w_{i-1}\right)=\sum_{k=1}^{i-1}r^{i-k-1}\left(z_k^{\beta}w_k^{1-\beta}+\xi_k\right)+\phi_{i-1}-\frac{1}{2}c_z z_{i-1}^2-\frac{1}{2}c_w w_{i-1}^2-\frac{1}{2}\rho\phi_{i-1}^2\sigma_{\xi_{i-1}}^2\\&+R\left\{\phi_i\sum_{k=1}^{i}r^{i-k}\left(z_k^{\beta}w_k^{1-\beta}+\xi_k\right)+\phi_i-\frac{1}{2}c_z z_i^2-\frac{1}{2}c_w w_i^2-\frac{1}{2}\rho\phi_i^2\sigma_{\xi_i}^2\right\}\end{aligned}\right\}\end{cases}$$

6.3.3.3　模型求解

为了模型求解与分析的便利，现仅假设农产品供应链协同过程中的信息共享模型为两阶段合作博弈模型，并分别从合作双方信息非对称和信息对称的两个视角对动态博弈模型用逆向归纳法进行均衡求解与分析。

6.3.3.3.1　非对称信息下的信息共享激励机制

在信息非对称条件下，农户在信息共享方面的投入并不能全部为公司所观测到，同时信息共享的产出不仅取决于努力水平，还受到其他随机因素的影响，此时信息共享激励机制的设计等价于对优化问题式（6.18）的求解。在最优的情况下，（IR）条件中的等式成立（即此时公司没有必要支付给农户更多），而（IC）条件等价于其一阶导数（对 z_2、w_2 的偏导数）等于零，于是第二阶段的优化问题可转换为：

$$\begin{cases}\max\limits_{\phi_2,\phi_2}\left\{\left(1-\phi_2\right)\left[z_2^{\beta}w_2^{1-\beta}+rz_1^{\beta}w_1^{1-\beta}\right]-\phi_2\right\}\\ s.t.\begin{cases}\left(IR\right)<=>\phi_2\left[z_2^{\beta}w_2^{1-\beta}+rz_1^{\beta}w_1^{1-\beta}\right]+\phi_2-\dfrac{1}{2}c_z z_2^2-\dfrac{1}{2}c_w w_2^2-\dfrac{1}{2}\rho\phi_2^2\sigma_\xi^2=\overline{W_2} & (6.27)\\ \left(IC\right)<=>\dfrac{\partial F}{\partial z_2}=0;\dfrac{\partial F}{\partial w_2}=0 & (6.28)\end{cases}\end{cases}$$

首先由 $\dfrac{\partial F}{\partial z_2}=0$；$\dfrac{\partial F}{\partial w_2}=0$ 可分别求得 z_2、w_2 为：

$$z_2=\left(\frac{\beta}{c_z}\right)^{\frac{\beta+1}{2}}\left(\frac{1-\beta}{c_w}\right)^{\frac{1-\beta}{2}}\phi_2 \tag{6.29}$$

$$w_2=\left(\frac{\beta}{c_z}\right)^{\frac{\beta}{2}}\left(\frac{1-\beta}{c_w}\right)^{\frac{2-\beta}{2}}\phi_2 \tag{6.30}$$

再将 z_2、w_2 代入式（6.27）中，可得：

$$\begin{aligned}\phi_2&=\overline{W_2}-\phi_2\left[z_2^{\beta}w_2^{1-\beta}+rz_1^{\beta}w_1^{1-\beta}\right]+\frac{1}{2}c_z z_2^2+\frac{1}{2}c_w w_2^2+\frac{1}{2}\rho\phi_2^2\sigma_\xi^2\\&=\overline{W_2}-\phi_2 rz_1^{\beta}w_1^{1-\beta}-\frac{1}{2}\phi^2\left[\left(\frac{\beta}{c_z}\right)^{\beta}\left(\frac{1-\beta}{c_w}\right)^{1-\beta}-\rho\sigma_\xi^2\right]\end{aligned} \tag{6.31}$$

将 z_2、w_2、ϕ_2 代入模型的目标函数，对 ϕ_2 求导并令其等于零：

$$\phi_2=\frac{1}{1+\left(\frac{c_z}{\beta}\right)^{\beta}\left(\frac{c_w}{1-\beta}\right)^{1-\beta}\rho\sigma_{\xi}^{2}} \tag{6.32}$$

最后将式（6.32）分别代入式（6.29）、式（6.30）两式：

$$z_2=\frac{\left(\frac{\beta}{c_z}\right)^{\frac{\beta+1}{2}}\left(\frac{1-\beta}{c_w}\right)^{\frac{1-\beta}{2}}}{1+\left(\frac{c_z}{\beta}\right)^{\beta}\left(\frac{c_w}{1-\beta}\right)^{1-\beta}\rho\sigma_{\xi}^{2}} \tag{6.33}$$

$$w_2=\frac{\left(\frac{\beta}{c_z}\right)^{\frac{\beta}{2}}\left(\frac{1-\beta}{c_w}\right)^{\frac{2-\beta}{2}}}{1+\left(\frac{c_z}{\beta}\right)^{\beta}\left(\frac{c_w}{1-\beta}\right)^{1-\beta}\rho\sigma_{\xi}^{2}} \tag{6.34}$$

同理，在信息非对称条件下，第一阶段模型的优化问题可以转换为：

$$\max_{\phi_1}\left\{\left(1-\phi_1\right)z_1^{\beta}w_1^{1-\beta}-\phi_1+R\left[\left(1-\phi_2\right)\left(z_2^{\beta}w_2^{1-\beta}+rz_1^{\beta}w_1^{1-\beta}\right)-\phi_2\right]\right\}$$

$$s.t.\begin{cases}\left(IR\right):\left\{\begin{aligned}&\phi_1z_1^{\beta}w_1^{1-\beta}+\phi_1-\frac{1}{2}c_zz_1^2-\frac{1}{2}c_ww_1^2-\frac{1}{2}\rho\phi_1^2\sigma_{\xi}^2\\&+R\left\{\phi_2\left[z_2^{\beta}w_2^{1-\beta}+rz_1^{\beta}w_1^{1-\beta}\right]+\phi_2-\frac{1}{2}c_zz_2^2-\frac{1}{2}c_ww_2^2-\frac{1}{2}\rho\phi_2^2\sigma_{\xi}^2\right\}\end{aligned}\right\}=\overline{W_1}+R\overline{W_2}=\overline{V} & (6.35)\\ \left(IC\right)<=>\frac{\partial F}{\partial z_1}=0;\frac{\partial F}{\partial w_1}=0 & (6.36)\end{cases}$$

同第二阶段的求解相似，由 $\frac{\partial F}{\partial z_1}=0$；$\frac{\partial F}{\partial w_1}=0$，可求得：

$$z_1=\left(\frac{\beta}{c_z}\right)^{\frac{\beta+1}{2}}\left(\frac{1-\beta}{c_w}\right)^{\frac{1-\beta}{2}}\left(\varphi_1+Rr\phi_2\right) \tag{6.37}$$

$$w_1=\left(\frac{\beta}{c_z}\right)^{\frac{\beta}{2}}\left(\frac{1-\beta}{c_w}\right)^{\frac{2-\beta}{2}}\left(\varphi_1+Rr\phi_2\right) \tag{6.38}$$

$$\phi_1=\overline{V}-\frac{\phi_1^2}{2}\left[\left(\frac{\beta}{c_z}\right)^{\beta}\left(\frac{1-\beta}{c_w}\right)^{1-\beta}-\rho\sigma_{\xi}^2\right]-R^2r^2\phi_2^2\left(\frac{\beta}{c_z}\right)^{\beta}\left(\frac{1-\beta}{c_w}\right)^{1-\beta} \tag{6.39}$$

将式（6.37）、式（6.38）及式（6.39）分别代入模型的目标函数，对 ϕ_1 求偏导并令其为零，可得：

$$\phi_1 = \frac{1 + Rr\left(1 - \phi_2\right)}{1 + \left(\frac{c_z}{\beta}\right)^{\beta}\left(\frac{c_w}{1-\beta}\right)^{1-\beta}\rho\sigma_{\xi}^2} \tag{6.40}$$

式（6.40）说明：在农产品供应链两阶段信息共享的合作博弈中，因为合作双方都从全局最优的角度参与博弈，所以两阶段的契约参数都会对农户信息共享活动产生影响，因此设计第一阶段的激励机制时，必须综合考虑两阶段的契约合同参数。

将第二阶段所求得式（6.32）代入式（6.40）中即有：

$$\phi_1 = \frac{1 + \left(1 + Rr\right)\left(\frac{c_z}{\beta}\right)^{\beta}\left(\frac{c_w}{1-\beta}\right)^{1-\beta}\rho\sigma_{\xi}^2}{\left[1 + \left(\frac{c_z}{\beta}\right)^{\beta}\left(\frac{c_w}{1-\beta}\right)^{1-\beta}\rho\sigma_{\xi}^2\right]^2} \tag{6.41}$$

于是可以求出 z_1、w_1 分别为：

$$z_1 = \frac{\left\{1 + Rr + \left(1 + 2Rr\right)\left(\frac{c_z}{\beta}\right)^{\beta}\left(\frac{c_w}{1-\beta}\right)^{1-\beta}\rho\sigma_{\xi}^2\right\}\left(\frac{\beta}{c_z}\right)^{\frac{\beta+1}{2}}\left(\frac{1-\beta}{c_w}\right)^{\frac{1-\beta}{2}}}{\left[1 + \left(\frac{c_z}{\beta}\right)^{\beta}\left(\frac{c_w}{1-\beta}\right)^{1-\beta}\rho\sigma_{\xi}^2\right]^2} \tag{6.42}$$

$$w_1 = \frac{\left\{1 + Rr + \left(1 + 2Rr\right)\left(\frac{c_z}{\beta}\right)^{\beta}\left(\frac{c_w}{1-\beta}\right)^{1-\beta}\rho\sigma_{\xi}^2\right\}\left(\frac{\beta}{c_z}\right)^{\frac{\beta}{2}}\left(\frac{1-\beta}{c_w}\right)^{\frac{2-\beta}{2}}}{\left[1 + \left(\frac{c_z}{\beta}\right)^{\beta}\left(\frac{c_w}{1-\beta}\right)^{1-\beta}\rho\sigma_{\xi}^2\right]^2} \tag{6.43}$$

6.3.3.3.2　对称信息下的信息共享激励机制

在信息对称的条件下，农户在信息共享方面的努力水平对公司为已知信息，农户和公司信息共享的目的均为最大化农产品供应链效应水平，因此这种情况下激励相容约束 IC 是不起作用的；另外，在信息对称的条件下，通常假定随机因素独立于产出函数，或者说随机因素对产出函数的影响是共同知识。这样第二阶段的激励机制的设计问题就等价于求解下列优化问题：

$$\begin{cases}\max\left\{U_{g2}=E\left\{\left[P\left(z_2,w_2\right)-S\left(z_2,w_2\right)\right]/P\left(z_1,w_1\right)\right\}\right\} & (6.44)\\ s.t.\left(IR\right):U_{n2}=E\left\{S\left(z_2,w_2\right)-C_{z_2}-C_{w_2}\right\}\geqslant\overline{W}_2 & (6.45)\end{cases}$$

即：

$$\begin{cases}\max\left\{\left(1-\varphi_2\right)\left[z_2^{\beta}w_2^{1-\beta}+rz_1^{\beta}w_1^{1-\beta}\right]-\phi_2\right\}\\ s.t.\left(IR\right):\varphi_2\left[z_2^{\beta}w_2^{1-\beta}+rz_1^{\beta}w_1^{1-\beta}\right]+\phi_2-\frac{1}{2}c_z z_2^2-\frac{1}{2}c_w w_2^2\geqslant\overline{W_2}\end{cases}\quad(6.46)$$

$$\begin{aligned}&E\left\{S\left(z_2,w_2\right)-C_{z_2}-C_{w_2}\right\}=ES\left(z_2,w_2\right)-C_{z_2}-C_{w_2}=\overline{W_2}\\&\Rightarrow S\left(z_2,w_2\right)=\overline{W_2}+C_{z_2}+C_{w_2}\end{aligned}\quad(6.47)$$

将式（6.47）代入模型的目标函数并分别对 z_2、w_2 求偏导求解，得：

$$z_2=\left(\frac{\beta}{c_z}\right)^{\frac{\beta+1}{2}}\left(\frac{1-\beta}{c_w}\right)^{\frac{1-\beta}{2}}\quad(6.48)$$

$$w_2=\left(\frac{\beta}{c_z}\right)^{\frac{\beta}{2}}\left(\frac{1-\beta}{c_w}\right)^{\frac{2-\beta}{2}}\quad(6.49)$$

同理，在信息对称条件下，第一阶段的优化问题同样转换为：

$$\begin{cases}\max\ U_g=\left(U_{g1}+RU_{g2}\right)=E\left\{P\left(z_1,w_1\right)-S\left(z_1,w_1\right)+R\left[P\left(z_2,w_2\right)-S\left(z_2,w_2\right)\right]\right\}\\ s.t.\left\{\left(IR\right):U_n=U_{n1}+RU_{n2}=E\left[S\left(z_1,w_1\right)+RS\left(z_2,w_2\right)\right]\geqslant\overline{W_1}+R\overline{W_2}=\overline{V}\right.\end{cases}$$

即：

$$\begin{cases}\max\left\{\left(1-\varphi_1\right)z_1^{\beta}w_1^{1-\beta}-\phi_1+R\left[\left(1-\varphi_2\right)\left(z_2^{\beta}w_2^{1-\beta}+rz_1^{\beta}w_1^{1-\beta}\right)-\phi_2\right]\right\} & (6.50)\\ s.t.\left\{\left(IR\right):\left\{\begin{aligned}&\varphi_1 z_1^{\beta}w_1^{1-\beta}+\phi_1-\frac{1}{2}c_z z_1^2-\frac{1}{2}c_w w_1^2\\&+R\left\{\varphi_2\left[z_2^{\beta}w_2^{1-\beta}+rz_1^{\beta}w_1^{1-\beta}\right]+\phi_2-\frac{1}{2}c_z z_2^2-\frac{1}{2}c_w w_2^2\right\}\end{aligned}\right\}\geqslant\overline{W_1}+R\overline{W_2}=\overline{V}\right. & (6.51)\end{cases}$$

将式（6.51）代入目标函数式（6.50），得：

$$F\left(z_1,w_1\right)=z_1^{\beta}w_1^{1-\beta}+R\left(z_2^{\beta}w_2^{1-\beta}+rz_1^{\beta}w_1^{1-\beta}\right)-\frac{1}{2}c_z z_1^2-\frac{1}{2}c_w w_1^2-\frac{1}{2}c_z z_2^2-\frac{1}{2}c_w w_2^2-\overline{V}\quad(6.52)$$

在式（6.52）中，分别对 z_1、w_1 求偏导，可求解得到：

$$z_1 = \left(\frac{\beta}{c_z}\right)^{\frac{\beta+1}{2}} \left(\frac{1-\beta}{c_w}\right)^{\frac{1-\beta}{2}} \left(1+Rr\right) \tag{6.53}$$

$$w_1 = \left(\frac{\beta}{c_z}\right)^{\frac{\beta}{2}} \left(\frac{1-\beta}{c_w}\right)^{\frac{2-\beta}{2}} \left(1+Rr\right) \tag{6.54}$$

6.3.3.4　模型结果讨论

通过对农产品供应链协同中两阶段信息共享模型的分析，可以得到以下结论：

（1）由式（6.40）和式（6.37）可知：

$$\frac{\partial \phi_1}{\partial r} = \frac{R\left(1-\phi_2\right)}{1+\left(\frac{c_z}{\beta}\right)^{\beta}\left(\frac{c_w}{1-\beta}\right)^{1-\beta}\rho\sigma_\xi^2} > 0$$

其中 $0 < \phi_i < 1$，

$$\frac{\partial z_1}{\partial r} = \left(\frac{\beta}{c_z}\right)^{\frac{\beta+1}{2}} \left(\frac{1-\beta}{c_w}\right)^{\frac{1-\beta}{2}} \left(\frac{\partial \phi_1}{\partial r} + R\phi_2\right) > 0$$

这表明在信息非对称条件下，滞后收益系数与第一阶段的信息共享的努力水平以及激励系数均正相关。这是因为当滞后收益系数增大时，对农户而言，提高第一阶段的努力投资水平不但可以使第一阶段的产出增加，还可以给第二阶段带来较大的滞后收益。对公司而言，第一阶段设计较大的激励系数可以鼓励农户提高第一阶段信息共享的努力水平，进而使双方两阶段的总收益增大。

（2）由式（6.37）可知：

$$\frac{\partial z_1}{\partial \phi_2} = Rr\left(\frac{\beta}{c_z}\right)^{\frac{\beta+1}{2}} \left(\frac{1-\beta}{c_w}\right)^{\frac{1-\beta}{2}} > 0$$

这表明在信息非对称条件下，即农户第一阶段信息共享的努力水平与第二阶段的激励系数正相关。这是因为农产品供应链双方在信息共享的博弈中均从两阶段全局最优的角度来选择使自身两阶段总效应最大化的行动，所以农户第一阶段的选择策略会受到第二阶段的激励系数的影响。当第二阶段的激励系数较大时，农户提高其第一阶段信息共享的努力水平会使其第二阶段获得的滞后收益增加，从而使两阶段的总收益得以增加。

（3）由式（6.37）和式（6.29）可知：

$$\frac{\partial z_i}{\partial c_z}<0;\ \frac{\partial z_i}{\partial \rho}<0;\ \frac{\partial z_i}{\partial \sigma_\xi^2}<0$$

这表明无论信息是否非对称，农户信息共享的努力水平与信息共享的努力成本系数、风险规避系数及外界噪音负相关。此时要提高农户信息共享的努力水平，必须致力于尽量降低合作伙伴信息共享的努力成本与风险水平，合理选择与规范农产品供应链的信息共享外部环境。

（4）由式（6.40）可知：

$$\frac{\partial \phi_1}{\partial\left(1-\phi_2\right)}=\frac{Rr}{1+\left(\frac{c_z}{\beta}\right)^{\beta}\left(\frac{c_w}{1-\beta}\right)^{1-\beta}\rho\sigma_\xi^2}>0$$

即ϕ_1与（$1-\phi_2$）正相关，其中（$1-\phi_2$）表示公司第二阶段分享的产出份额。这是因为由于滞后收益的存在，当第二阶段公司分享的农产品供应链产出份额（$1-\phi_2$）增大时，第一阶段设计较大的激励系数ϕ_1，可以激励农户提高该阶段的信息共享努力水平，第二阶段的滞后收益因而得以增大，从而增加了公司的总收益。

（5）由式（6.33）和式（6.42）可知：

$$\frac{\partial z_i}{\partial \phi_i}>0$$

也就是说在信息非对称条件下，由于激励机制的存在，当农户试图降低努力水平的时候，公司总是可以观测到这一变化，从相应地改变提供给成员企业的支付水平（通过激励系数调整实现），使其纯收益总处于稳定状态。

（6）比较式（6.37）和式（6.53）可知，在信息对称的条件下，农户的努力水平不受各阶段收入分配的影响，而且在信息对称的条件下，农户的信息努力水平相对更高，获得的信息收益也更高。这是因为在信息对称的情况下，农产品供应链中各方信息共享的努力水平及自身特征均为共同信息，即使没有获得任何激励，农户也会从全局最优的角度来决策自己的行动。

6.3.3.5　模型结论算例验证

为了进一步验证农产品供应链协同中公司与农户进行信息共享合作时，农户的模型特征对合作伙伴信息共享努力水平的影响，并且清晰地对比分析不同信息条件下农产品供应链激励机制的差异，表 6-4 给出了几种具体情况下的数值算例，并且分析了数值算例的结果。❶

表6-4　参数具体取值时农户的努力水平和公司的激励水平

序号	参数取值	努力水平、激励水平	
		非对称信息	对称信息
①	$\beta=0.3;c_z=e;c_w=e$ $r=0.6;R=0.8;\rho=1$ $\sigma_\xi^2=1$	$z_1=0.0450;z_2=0.0247$ $w_1=0.0710;w_2=0.0378$ $\phi_1=0.2231;\varphi_2=0.1665$	$z_1=0.2208;z_2=0.1485$ $w_1=0.3356;w_2=0.2268$
②	$\beta=0.5;c_z=e;c_w=e$ $r=0.6;R=0.8;\rho=1$ $\sigma_\xi^2=1$	$z_1=0.0539;z_2=0.0286$ $w_1=0.0539;w_2=0.0286$ $\phi_1=0.2183;\varphi_2=0.1554$	$z_1=0.2735;z_2=0.1839$ $w_1=0.2722;w_2=0.1839$
③	$\beta=0.7;c_z=e;c_w=e$ $r=0.6;R=0.8;\rho=1$ $\sigma_\xi^2=1$	$z_1=0.0687;z_2=0.0378$ $w_1=0.0450;w_2=0.0247$ $\phi_1=0.2231;\varphi_2=0.1665$	$z_1=0.3372;z_2=0.2268$ $w_1=0.2198;w_2=0.1485$
④	$\beta=0.6;c_z=2;c_w=e$ $r=0.6;R=0.8;\rho=1$ $\sigma_\xi^2=1$	$z_1=0.0897;z_2=0.0479$ $w_1=0.0628;w_2=0.0335$ $\phi_1=0.2562;\varphi_2=0.1841$	$z_1=0.3869;z_2=0.2602$ $w_1=0.2697;w_2=0.1822$
⑤	$\beta=0.6;c_z=e;c_w=e$ $r=0.6;R=0.8;\rho=1$ $\sigma_\xi^2=1$	$z_1=0.0606;z_2=0.0375$ $w_1=0.0495\ w_2=0.0263$ $\phi_1=0.2219;\varphi_2=0.1580$	$z_1=0.1354;z_2=0.2035$ $w_1=0.2460;w_2=0.1662$

❶　参数取值均严格模拟于前文中模型的均衡过程和结果，能够较为直观地展现不同信息共享条件下农户的努力水平和公司的激励水平。

续表

序号	参数取值	努力水平、激励水平	
		非对称信息	对称信息
⑥	$\beta=0.6;c_z=4;c_w=e$ $r=0.6;R=0.8;\rho=1$ $\sigma_\xi^2=1$	$z_1=0.0367;z_2=0.0194$ $w_1=0.0364;w_2=0.0192$ $\phi_1=0.1837;\varphi_2=0.1296$	$z_1=0.2222;z_2=0.1494$ $w_1=0.2190;w_2=0.1480$
⑦	$\beta=0.6;c_z=e;c_w=2$ $r=0.6;R=0.8;\rho=1$ $\sigma_\xi^2=1$	$z_1=0.0711;z_2=0.0378$ $w_1=0.0677;w_2=0.0361$ $\phi_1=0.2444;\varphi_2=0.1750$	$z_1=0.2624;z_2=0.2164$ $w_1=0.3049;w_2=0.2060$
⑧	$\beta=0.6;c_z=e;c_w=e;$ $r=0.6;R=0.8;\rho=1$ $\sigma_\xi^2=1$	$z_1=0.0606;z_2=0.0375$ $w_1=0.0495;w_2=0.0263$ $\phi_1=0.2219;\varphi_2=0.1580$	$z_1=0.1354;z_2=0.2035$ $w_1=0.2460;w_2=0.1662$
⑨	$\beta=0.6;c_z=e;c_w=4$ $r=0.6;R=0.8;\rho=1$ $\sigma_\xi^2=1$	$z_1=0.0494;z_2=0.0261$ $w_1=0.0333;w_2=0.0176$ $\phi_1=0.1958;\varphi_2=0.1385$	$z_1=0.2802;z_2=0.1884$ $w_1=0.1877;w_2=0.1268$
⑩	$\beta=0.6;c_z=e;c_w=e$ $r=0.3;R=0.8;\rho=1$ $\sigma_\xi^2=1$	$z_1=0.0457;z_2=0.0322$ $w_1=0.0373;w_2=0.0263$ $\phi_1=0.1865;\varphi_2=0.1580$	$z_1=0.2524;z_2=0.2035$ $w_1=0.2061;w_2=0.1662$
⑪	$\beta=0.6;c_z=e;c_w=e$ $r=0.5;R=0.8;\rho=1$ $\sigma_\xi^2=1$	$z_1=0.0558;z_2=0.0322$ $w_1=0.0456;w_2=0.0263$ $\phi_1=0.2112;\varphi_2=0.1580$	$z_1=0.2849;z_2=0.2035$ $w_1=0.2327;w_2=0.1662$
⑫	$\beta=0.6;c_z=e;c_w=e$ $r=0.7;R=0.8;\rho=1$ $\sigma_\xi^2=1$	$z_1=0.0653;z_2=0.0322$ $w_1=0.0533;w_2=0.0263$ $\phi_1=0.2325;\varphi_2=0.1580$	$z_1=0.3175;z_2=0.2035$ $w_1=0.2593;w_2=0.1662$

（1）从表 6-4 中①、②、③的对比分析可知，在农产品供应链的协同过程中，当农户信息共享努力水平的产出弹性上升时，无论双方的是否处于信息对称状态，农户在两阶段的信息共享努力水平均会提高，相应地其获得激励所得也会增加。也就是说，对农户而言，当获知信息共享努力水平的产出弹性上升

时，农户会增加对农产品供应链信息共享的投入；对公司而言，当获知农户会增加对农产品供应链信息共享的投入时，也会相应地提高对农户信息共享努力的激励。

（2）从表 6–4 中④、⑤、⑥的对比分析可知，在农产品供应链的协同过程中，农户信息共享的努力成本系数 c_z 越大，获得同等收益水平下的支出就越多，农户信息共享的意愿就越弱，农户信息共享的能力也越弱。

（3）从表 6–4 中⑦、⑧、⑨的对比分析可知，农户 n 获得一定供应能力的支出成本系数 c_w 越大，农户 n 满足公司 g 需要的能力越强。④、⑤、⑥与⑦、⑧、⑨同时也表明，当努力水平和供应能力不变时，努力水平成本系数或成本支出系数越大，同样努力水平和供应能力带来的成本负效应就越大。

（4）从表 6–4 中⑩、⑪、⑫的对比分析可知，在其他条件相同的情况下，无论农产品供应链中的信息是否对称，滞后收益系数的增大均会使农户第一阶段的信息共享的努力水平及激励系数增大。说明滞后收益系数的增大可以提高农户对双方信息共享的信心，提高第一阶段信息共享的努力水平可以农户获得更大的滞后收益。

（5）从表 6–4 的整体分析可知，在农产品供应链的协同过程中，由于存在滞后收益，农户通常会加大对第一阶段的信息共享努力的投入水平，这样不但可以使第一阶段的产出增加，还可以给第二阶段带来较大的滞后收益。相应地，为了激励农户提高第一阶段信息共享的努力水平，公司通常愿意在第一阶段设计较大的激励系数，从而使双方两阶段的总收益得以增大。

（6）同样，从表 6–4 的整体分析发现，在其他条件不变的情况下，相比双方信息非对称时，农户在信息对称的状态下的两阶段的信息共享努力的投入水平会更大，这同时反向说明了农产品供应链要获得更大的整体收益，必须提高对农户信息共享努力的激励。

6.4　本章小结

信息共享是农产品供应链协同的技术关键。在供应链协同中，链上主体之间既独立又融合、既分工又合作，以确保供应链协同运行能达到最佳状态，这种独立与融合、分工与合作必须以供应链协同中各主体彼此间的信息互动与共享为基础。信息共享得以顺利实施的技术基础主要表现在以电子数据传递与交换的基础信息技术、以企业资源计划技术为代表的系统技术以及以实时物流信息系统为代表的新技术等。

供应链中各节点企业是信息输入和输出的统一体。作为信息发布的主体和客体，如何管控和共享链中的各类信息取决于各节点企业间合作关系的密切程度、产品特性、节点间的交易频度以及信息技术应用水平等影响供应链生产方式的主要因素，也决定于供应链的组织结构模式。

在农产品生产日益产业化和市场化、需求日益精益化的基础上产生的信息共享是提高供应链的协同水平、整体绩效和可持续发展能力的基础，但供应链中的诸多不确定性引致的信息共享风险和阻力抑制了供应链中上下游企业共享信息的积极性。因此，必要的技术手段和信息共享激励机制的合理设计是农产品供应链协同中实现信息共享的核心关键。通过模型分析可知：在非对称信息条件下，第一阶段的信息共享的努力水平和激励系数与滞后收益系数正相关。农户第一阶段信息共享的努力水平与第二阶段的激励系数正相关，第二阶段较大的激励系数会促使农户提高其第一阶段信息共享的努力水平。但在信息对称的条件下，农户的努力水平不受各阶段收入分配的影响，而且在信息对称条件下，农户的信息努力水平相对更高，获得的信息收益也更高。另外，无论信息是否非对称，农户信息共享的努力水平与信息共享的努力成本系数、风险规避系数及外界噪音负相关。此时要提高农户信息共享的努力水平，必须致力于尽量降低合作伙伴信息共享的努力成本与风险水平，合理选择与规范农产品供应链信息共享的外在环境。最后，从长期合作情况来看，农户与公司信息共享的合作关系将会持续改进，除合作的最后一个阶段外，农户各阶段信息共享的努力水平更高，最终得以形成紧密的信息共享合作伙伴关系。

第7章 农产品供应链协同机制的关系传递与融合分析

农产品供应链协同是农产品供应链中各主体利用利益共享、风险共担、信息共享及信任协调等运作机制实现供应链整体收益和运行效率同步优化的过程。在供应链协同实现的过程中，链上收益风险的合理分配是协同实现的动因，信任关系的建立是农产品供应链协同的基础，信息共享是农产品供应链协同的技术关键。本章将在分别阐述供应链协同的动因、基础及技术关键的基础上，构建一个供应链协同机制的关系传递融合模型，借此探讨三者基于不同协同层次下的合作关系和互动过程。

7.1　收益风险合理分配是农产品供应链协同的动因

在农产品供应链的运作过程中，追求一定风险基础上的利益最大化是链上主体进行策略决策时的理性目标。采取“利润同享、风险共担、有奖有罚”的供应链收益风险分配机制，理顺链上主体之间的利益和风险分配关系，可以在一定程度上对农产品供应链进行有效的风险分摊和监管约束，提高供应链绩效，从而快速地、稳定地、协调地实现供应链的市场战略目标。在农产品供应链中，链上主体依据其在供应链中的位置及其主要职能而从事不同的业务。各节点进行协同运作的动因可以从以下三个方面来理解。

7.1.1　降低交易成本，合理分配收益

在供应链的运行过程中，价格寻找费用、谈判签约费用、激励监督费用及贡献测度费用等是交易成本的主要费用。其中，激励监督是维持稳定合作的基础，贡献测度是共享利益合理分配的前提。供应链中企业的长期稳定合作建立在利益合理分配的基础之上，而利益分配的主要依据是企业在供应链整体营收中的贡献比例。由于业务的分解和绩效的考核无论是主观上还是客观上均极为困难，因此贡献测度在交易成本的控制和利益的合理分配上都显得尤为重要。

供应链中导致交易成本产生的原因既有人为的主观因素也存在不可抗力的客观因素。前者包括主体有限理性和机会主义导致的败德行为，后者则包括供应链运行中外部环境的不确定性及市场竞争的不充分。传统经济理论在分析问题时通常假定既定条件下经济人的决策行为是理性的，但现实中，经济人的理性受到信息传播效率、个人知识及决策能力等因素的限制，而要提高决策的理性程度，必须付出更多的信息成本、激励监督成本等。根据威廉姆斯的观点，机会主义是经济活动中不考虑他人利益得失情况下最大化自身收益的自私行为。为了防范机会主义行为，尽可能地提高契约的完备性会导致交易更为复杂、成本更为庞大。另外供应链不确定性不可避免的、无法忽视的大量存在也增加了供应链运行的市场风险。和防范机会主义行为一样，尽量完备的契约需要更多

更细的合同条款，进而使签约更难、成本更高。竞争是市场机制发挥调节作用的基础，充分竞争的市场使合作具有更多的选择空间，从而有利于以较低的交易成本达成合作。

在上述分析中，交易成本的难以控制的原因无论是有限理性和机会主义导致的败德行为还是外部环境的不确定性或市场竞争的不充分，其本质原因在于合作的过程中外部资源的利用是通过市场议价得到，其寻找、谈判、签约、激励、监督等过程的费用表现为线性相加。而在供应链的运营中，供应链模式使组织的边界得以扩张、目标得以一致，链上主体间的层级交易也使交易成本内化于供应链中，进而使交易成本得以大幅降低，链上收益得以合理分配（表 7-1）。

表7-1　不同交易方式下的交易成本比较

交易方式	主体关系	主要费用
市场自由议价	相互独立	寻找、谈判、签约、激励、监督等费用。
层级内交易	层级关系	激励、监督及贡献测度等费用

7.1.2　合理处置经营风险，稳定供应链运行

在供应链中，风险和收益的关系并非传统投资意义上的高收益伴随着高风险，原因在于供应链中风险的来源更加多样和复杂。合理处置农产品供应链中的经营风险，是提高供应链稳定有序运营的主要有效因素之一。总地看来，供应链风险主要分为内生风险和外生风险，前者产生于道德风险、信息扭曲和个体理性等，而政治、经济、技术与法律等因素的变化是供应链外生风险的主要来源。抑制或消除内生风险，可以致力于尽量制定详细完备的合作契约以及积极提高供应链的信息共享水平；而处理外生风险则需在宏观上完善政治经济法律等制度环境，在中观上积极发挥保险、期货等金融工具的市场职能。

供应链的内生风险主要包括道德风险、信息延滞和扭曲风险、供应链运营风险及企业文化风险（图 7-1）。其中道德风险是指某一合作方在风险后果承担发生偏离时所采取的促使自身效用最大化的自私行为。例如，供应商由于自身技术水平或生产能力上的局限以次充好，使供应物资达不到合同要求而给供应链的后续运营带来生产和经营风险。信息延滞和扭曲风险是指因传统供应链信

息流管理模式中原始、简单的、粗放的信息流运作方式所导致的信息在链中节点之间传递的延滞和扭曲，进而导致供应链风险。供应链运营风险主要表现为供应链在运作过程如生产的采购与组织、分销商的选择及物流运营等时，可能因缺乏协同或协同水平不够、伙伴选择不当等原因导致供应链风险。企业文化风险则指供应链中个体迥异的成员企业在核心价值观、经营理念、文化制度、员工职业素养等方面差异而造成的供应链协同混乱和不稳定。

供应链外生风险主要包括需求不确定性风险、经济周期风险、政策风险及不可抗力风险等（图 7-1）。随着经济全球化和竞争供应链化，消费者需求偏好的不确定性使供应链难以把握不断变化的市场趋势和顾客偏好，也就无法快速响应顾客日益个性化的市场需求，进而易于造成整个供应链面临不可预知的经营风险。经济周期是指宏观经济运行中呈现的周期性经济扩张与经济紧缩的一种现象。由于供应链运营的刚性和惯性，供应链运营难以准确跟上宏观经济的周期性变化节奏，衰退和繁荣的转换使链中资金的流动陷入“入不敷出”困境，进而导致供应链的经营风险进一步加大。

另外，当宏观经济政策发生较大变化时，供应链的资金筹措、投资以及其他经营管理活动等都会受到极大影响，进而致使供应链的经营风险增加。而自然界或社会中出现的不可抗力的自然灾害或社会战乱如地震、火灾、疫病、政变、战争等，也会对供应链的运营产生非常规性的、结构性的破坏，使供应链的运营受阻甚至中断，进而影响整个供应链的稳定。

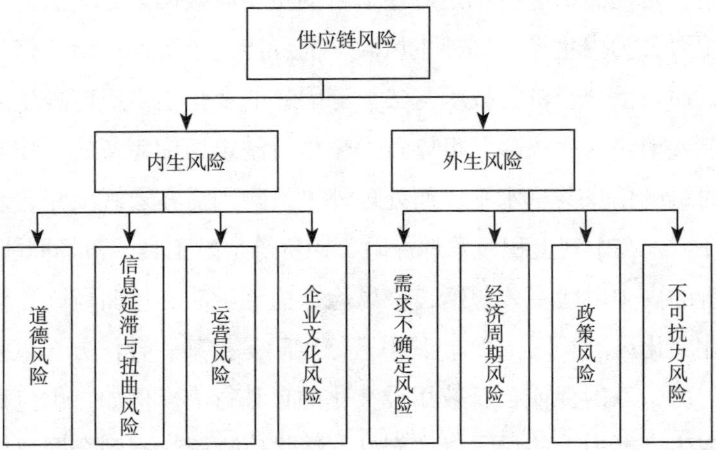

图7-1　供应链中的风险分类示意图

7.1.3　追求规模效应，提高整体绩效

对农产品供应链中的关键主体之一农户，家庭联产承包责任制度决定了其在我国农业发展过程中始终处于规模较小的状态，也决定了“小农户”与市场经济中的“大市场”顺畅对接的困难。而作为解决“小农户”和“大市场”矛盾的重要政策选项，农业产业化经营以“农户＋公司”“农户＋基地”等模式构建的农产品供应链可以有效地将农户和市场连接起来，以一个整体的形象参与到农产品供应链的经营管理中，并以统一标准的方式进行农产品的生产、加工、运输、销售。这种将分散、相对独立的小农户和大市场联系起来的供应链模式，在一定程度上使生产组织结构更为严谨科学，使生产规模更为合理有效，使市场供应更为稳定有序，能从一定程度上满足农户稳定收入、公司稳定原料来源、政府稳定农村经济发展的基本诉求。其中农产品供应链中的“基地”“加工企业”或“核心企业”尤其要发挥其核心作用，要以供应链的整体利益为目标，协同链中上下游各主体的生产经营业务，通过制定和实施统一的标准来管理、控制“从田间到餐桌”整个过程的安全高效，进而获取更大的规模收益和竞争优势。

7.2　信任是农产品供应链协同的基础

信任是对不确定性和风险性的内在需求。没有不确定性和风险，信任毫无意义；而在充满信任的环境下，不确定性和风险导致的损失也必然降至最低。在供应链中，成员之间的关系本质上是买卖关系，并且主要以契约的形式进行相互连接。由于不确定性和风险的存在，供应链中存在产生机会主义倾向和败德行为的激励，这会给买卖双方之间的信任带来负面影响，给供应链整体上的稳定运行带来冲击。正如美国一位伙伴关系专家指出的：“伙伴关系中有众多的议题，但相互信任是绝对的关键和基础。”

农产品供应链协同是农产品供应链管理领域的难点问题。农产品供应链得以顺畅运转的关键，在于供应链中各节点的协作同步。在农产品供应链的协同

过程中，供应链中面临诸多不确定的市场风险和自然风险，因此，在提高供应链的信息共享水平、加强供应链中收益与风险的合理分配外，提高供应链中成员间的信任度是供应链协同成功与否的关键因素之一。信任在农产品供应链协同管理过程中的基础性作用主要体现在以下四个方面：

（1）减少链中的交易成本，稳定供应链成员合作。农产品供应链中各成员之间的关系，实质上是一种委托代理关系。面对诸多不确定性和风险，尽管供应链各成员之间尤其是农产品加工公司和农户代理组织之间制定了非常详尽的合同契约，但人的有限理性及农产品生产面对的不可抗力因素等使农产品供应链在运行时难免会出现事先难以预料或不可抗力的情况，因此该契约具有天然的不完全性。这种契约的不完全性使供应链中的契约双方存在机会主义的激励，从而易于导致逆向选择和败德行为等问题。抑制或避免这类问题，必须对供应链中的契约伙伴进行相应的监督和激励，并因此付出相应的监督成本和激励成本。而根据边际效用递减规律，在监督成本和激励成本不变的条件下，随着时间的推移，其维持农产品供应链稳定运行的效果会呈现递减趋势。因此，通过培养和提高供应链成员间的信任度，会降低契约对不确定性和风险的细节化要求，并降低与之相关的监督成本和激励成本，从而降低农产品供应链的交易成本。另外，监督机制除了提高供应链的交易成本外还给协同伙伴传递不信任感，影响成员间的协作关系。良好的信任则能促进供应链中成员协作效率的提高以及在不可预料的事情发生时对供应链顺畅运行的责任感，从而提高合作绩效。

（2）信任影响并制约着供应链成员间的交易行为。农产品供应链的复杂性和不确定性使信任成为影响供应链稳定运行的重要变量。信任是农产品供应链协同过程中成节点交易的核心基础。在农产品供应链中，信任伴随契约联结供应链协作各方，供应链协作则以供应链成员间交易（即契约的执行）的形式得以呈现。协作各方的相互信任比通过事先猜测、依靠权威或进行谈判等手段能更快捷、更经济地减少农产品供应链内部的复杂性与不确定性，更能有效规避链依靠链中强制机制所无法完全消除的合作风险。也只有协作各方相互信任，节点成员才有可能在面对不确定性和风险时减少自己的机会主义行为，并基于供应链的共同利益和远景目标稳定执行契约，从而达成交易。因此信任不仅仅是供应链协作的润滑剂，而且是供应链协作的核心。

（3）信任是维系农产品供应链节点成员间合作效能与存续的重要机制。首先，农产品市场价格瞬息万变，自然风险也难以预料，因此农产品供应链的运行面临大量的超越契约的不确定性。信任意味着超越合同的灵活性，在紧急情况下，农产品供应链中的成员会基于相互信任和远景目标维持供应链的稳定运行。其次，在农产品供应链成员间的结构、组织和文化甚至地域等方面都存在差异的情况下，信任机制可大大降低节点间的协调工作量，减少农产品供应链的管理成本，提高农户产品供应链的绩效和市场竞争能力。最后，信任具有过程性，农产品供应链中成员之间长期的信任与合作，使其目标一致、关系稳定，从而会降低供应链的伙伴选择成本，影响供应链的运行效果。

（4）信任能促进农民参与和融入集体组织，有利于解决农产品“小生产与大市场”的矛盾并稳定提高农民收入。目前，我国大部分农户基本上游离于农产品供应链之外，以家庭承包为核心的农业生产致使农户生产规模偏小、抗风险能力较弱，一旦遭遇较大的自然风险或市场风险，农户家庭的多年努力就可能毁于一旦。在市场经济的浪潮中，提高农民收入、提升农产品竞争力，这并非农户、企业抑或是销售商所能单独解决的，而是依靠一个地区、一个集体，或者一个供应链共同努力的结果。因此，将农户以各种农联组织的形式组织起来，参与到农产品供应链中，培育和加强农产品供应链成员之间的信任度，有利于供应链稳定有效地运行，有利于解决农产品“小生产与大市场”的矛盾并稳定提高农民收入。

总之，信任是农产品供应链协同合作的基石，使农户和企业间更好地实现利益共享、风险共担；信任还是供应链协同合作的“润滑剂”，可减少供应链链中成员间不必要的摩擦与矛盾、谈判与协商，有利于提高整个农产品供应链的敏捷性和灵活性。信任影响并决定供应链中成员间的交易行为，是维系节点成员间合作效能与存续的重要机制，有利于减少农产品供应链成员间的交易成本，促进供应链成员间的合作，增加农民收入。

7.3　信息共享是农产品供应链协同的技术关键

信息共享是提高供应链的协同水平、整体绩效和可持续发展能力的技术前提，但由众多不确定性和主体有限理性带来的信息共享的阻力和风险抑制了供应链中上下游企业共享信息的能力和愿望。因此，应对影响供应链信息共享的风险因素，重点在于制度环境的完善和信息共享激励机制的设计；而消除影响供应链信息共享的阻力，则需要具备必要的、完备的技术手段。当信息共享的理论激励和详备的技术供给完美结合时，以信息共享为基础的农产品供应链协同的实现才真正成为可能。

供应链是以核心企业为中心的、由农户、经销商、零售商等不同主体构成的整体功能网链。链上各主体拥有共同的供应链目标，但其自身也具有一定的独立性，具有不同的资源约束、地理分布。因此彼此独立又相互联系的各主体如何协调一致、共享信息，是供应链协同管理成功运作的技术关键。从理论上讲，必须要求契约的制定满足链上主体参与供应链协同的所得利益至少不低于不参与供应链协同时的利益所得，还须保证链上主体参与供应链协同的收益最大化。从技术实现的角度来看，农产品供应链协同系统必须具有良好的信息和通信技术系统。例如标示代码技术、自动识别和数据采集技术、电子数据交换技术以及互联网技术等基础信息技术，电子订货系统、销售时点信息系统、企业资源计划、制造资源计划、即时生产制及计算机辅助技术等系统信息技术，以及计算机辅助采购和物流支持、实时物流信息系统、实时信息采集技术等实时信息技术。

另外，信息和通信技术也与供应链信息共享的结构和模式相适应。根据供应链的系统结构、经营目标及信息技术基础等不同，供应链的信息共享呈现不同的结构和模式，主要有链式信息传递共享模式、信息传递共享模式、第三方共享模式及信息集中共享模式四种模式。其中链式信息传递共享模式是一种通过简单的链状流通结构以点对点的方式实现信息在相邻节点之间的传递和交换的模式。信息传递共享模式是直链式信息传递模式到网络信息传递模式的演变，是相邻节点之间简单的信息交换到整个供应链信息网状传递的扩展。第三方共享模式是指通过独立于供应链的关键功能节点之外的信息集成中心来进行链上各类信息的收集、加工和储存，并以此作为共享信息源实现所有信息在整个供应链上的实时共享的一种模式。与第三方共享模式类似，信息集中共享模式也拥有一个独立于供应链之外的第三方服务平台，该平台发挥着信息收集、处理、存储及发送的职能，并以此为信息共享源实现供应链信息在企业内部数据库和信息共享平台间的实时共享。

7.4　农产品供应链协同机制的关系传递与融合模型

农产品供应链协同具有不同的内容和过程，其根据链上信息流转、协同流程以及战略特征呈现为不同的层次。

7.4.1　供应链协同管理的层次

供应链协同管理的层次按照运作层次可具体分为技术层、策略层及战略层（表7-2）。

表7-2　供应链协同管理的层次及内容

技术层	策略层	战略层
信息流转的标准化	需求预测与生产计划	战略目标统一
信息平台的构建和运营	采购与制造、	决策与标准统一
信息共享的智能化	物流与库存	企业文化、价值观统一
信息共享的权限层级	销售与服务	风险收益统一

（1）技术层。技术层协同是实现战略层协同和策略层协同的技术基础，是指通过信息协同技术，为链中成员提供实时的、交互的信息交流与共享，以实现链上流程的同步运作与信息协同，提高决策的快速性和有效性。技术层协同的内容主要既包括标准化信息采集、存储与传输等，又包括信息平台的构建、智能处理和保密制度等。而协同技术主要包括多代理技术（Multi-Agent Technology）、工作流管理技术（Workflow Management Technology）以及应用软件技术（Application Software Technology）等。

（2）策略层。策略层协同是供应链协同管理中最具体最现实的问题，所涉流程贯穿供应链的全部实际运作过程，包括需求预测、生产计划、采购、制造、物流、库存和销售与服务等链中上下游成员业务流程的协同过程。

（3）战略层。战略层协同位于供应链协同的最高层次，它不仅决定策略层协同和技术层协同的程度和范围，还从战略上管控着供应链协同的思想、策略和方法，以宏观的视角解决供应链协同中的战略性问题，以规定和指导供应链的整体发展方向，增强供应链的整体竞争能力。战略层协同主要包括链中成员的企业文化、价值观、战略目标的统一、协同决策与标准的统一、风险和收益的统一等内容。

7.4.2 基于协同管理层次的农产品供应链协同机制

农产品供应链的协同机制主要包括信任机制、收益风险的合理分配机制、信息共享机制三个方面。其中，信任机制、收益风险合理分配机制属于供应链战略协同的层次；信息共享机制则属于供应链技术协同的层次，主要是以信息协同技术为基础，以信息中心为共享交流平台，进而实现链中成员的同步运作与信息协同。农产品供应链协同机制的实现需要从供应链协同管理的不同层次来逐一理解。

第一，增强供应链文化价值理念的认同感，提高供应链战略竞争力。在农产品供应链中，节点企业之间既保持一定业务联系又保持着较高的独立性，彼此之间在利益追求上可能处于一致但在企业文化和价值取向上可能存在较大差异。要在这样一个相对松散的网链组织中实现协同管理，供应链节点企业之间形成彼此认同的价值取向和文化理念可以起到事半功倍的作用，尤其表现在信息共享的意愿和信任的建立上。因此，需要在战略上创造和维系一个双赢、多赢愿景，注重长远大利而非既得蝇利，树立利益共享风险同担、诚实互信的思想和氛围，采用相同的文化价值理念协同管理农产品供应链，以降低交易成本和生产成本，增强农产品供应链的战略竞争力。

第二，信任机制是农产品供应链协同战略管理的核心基础。信任机制是供应链协同管理的核心内容，属于供应链战略层管理的范畴，收益和风险的合理分配是信任产生的利益基础，信息共享是信任施受的技术基础。信任机制的建立，需要从契约完备、能力领导及善意关系三个方面运用法律、情感和信誉三种手段进行构建。其中，法律手段是指通过完备的契约条款来抑制和防范机会主义行为，具有一定的正面效果，但任何契约都不可能绝对完备，故信任机制的建立还需同时辅以情感维系和信誉保证手段。情感维系是指依靠地域、血缘和社会关系的相似或亲密度而建立起来的某种长期信任关系。信誉保证是指以企业长期积累的、具有极大社会价值的美誉度作为违约担保而建立起来的信任关系。

第三，建立和完善供应链协同中的收益风险合理分配的激励与约束机制。收益和风险的合理分配建立在供应链契约合同的基础上，其激励和约束条款是对供应链中守信行为与欺诈行为的制度性奖惩。对于激励和约束制度，通常表现为：在信息共享的基础上，供应链中各主体各专其职，对产品的需求预测、生产、销售、流通、库存等进行协调和管控，对合作中的诚实守信行为进行一定价格补贴或奖励，对供应链中的投机或欺诈行为，可以逐级采取警告、罚款、公告直至责令退出等手段，提高链中部分不法个体的投机成本，以维护供应链协同稳定的运行。

第四，建立和完善供应链集成化协同管理信息共享平台。供应链各节点企业之间的协同合作使彼此之间的信息交流在时间和数量上提出了更高的要求，海量的数据和信息需及时传播、交换和共享，因此以供应链集成化协同管理信息系统为基础，构建供应链信息共享平台，有利于供应链合作伙伴之间及时高效地进行数据与信息传递与共享，也有利于节点企业之间的业务联系、数据获取、流程整合以及电子通道的建立等。而要实现供应链节点企业之间的协同运作，需要在战略上促进各节点企业文化价值理念的协同，在技术上要保障各节点企业内部局域网的畅通和各局域网之间的高效对接，在管理上要加强节点企业之间的协作与沟通，确保信息共享管理平台能够稳定高效地运行。

7.4.3　农产品供应链协同机制的关系传递与融合过程分析

农产品供应链协同是农产品供应链中各主体利用“利益共享、风险共担、信息共享及信任协调”等运作机制实现供应链整体收益和运行效率同步优化的过程。在供应链协同实现的过程中，链上收益风险的合理分配是协同实现的动因，信任关系的建立是农产品供应链协同的基础，上述二者属于战略协同的层次；信息共享是农产品供应链协同的技术关键，其归属于供应链技术协同的层次，主要是以信息协同技术为基础，以信息中心为共享交流平台，进而实现链中成员的同步运作与信息协同。收益风险的合理分配、信任及信息共享三种协同机制基于不同的协同管理层次不断地互动融合，进而使农产品供应链协同得以顺利实现（见图 7-2）。

收益和风险的合理分配是信任存续的基础，信任也会反过来加强和巩固收益和风险分配的合理性。信任的建立和维护，需要从契约完备、能力领导及善意关系三个方面运用法律、情感和信誉三种手段着手。供应链中主体的协同合作过程同时也是信任的构建和维护过程，更是收益和风险合理分配的附属结果。在农产品供应链协同过程中，当链上主体面对收益和风险的畸形分配状况时，信任的土壤将会营养全无。反过来，当农产品供应链协同过程中链上主体之间盈满信任时，说明收益和风险合理分配机制处于良好的运行状态，且会出于信任的原因该机制会不断得到巩固和加强。图 7-2 的上半部分清楚地表明了信任和收益与风险分配基于战略层相互联系、相互作用，与此同时也通过信息共享间接作用于彼此。

信任会减少信息共享的成本、提高共享的水平，信息共享也会体现和巩固相互之间的信任程度。农产品供应链协同过程中，信息共享的成本既包涵具体的技术设备成本和管理成本，也包括抽象的关系成本，例如，对彼此间信任的培养和维护成本。而这种关系既需要时间投入，更需要资金投入。因此，当链上主体相互信任时，彼此会最大限度地解除戒备、提高信息共享的授权等级，进而减少信息共享的成本、提高信息共享的水平。反之，信息共享的高水平也在一定程度上体现了链上伙伴彼此间的信任水平，并进一步地相互促进、相互巩固。

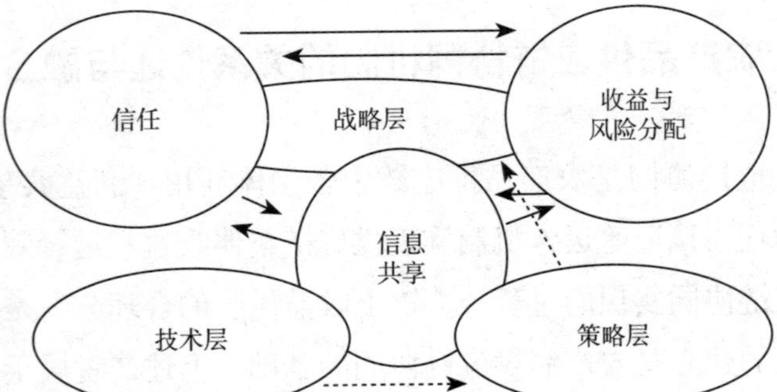

图7-2　供应链协同机制的关系传递与融合模型

信息共享会减少或抑制信息不对称进而会促进收益和风险的合理分配，而收益和风险的合理分配也会提高信息共享的意愿和能力。由图 7-2 可知，信息共享隶属农产品协同管理的策略层，收益与风险分配则偏属农产品协同管理的战略层，策略层和战略层通过信息共享来联结。也就是说，信息共享通过协同管理的战略层作用于收益与风险分配。当农产品供应链协同过程中信息共享的水平越高时，其对链中信息不对称的减少或抑制效果就会越明显，收益和风险将会成为供应链运营中的“共同知识”，进而形成收益和风险的合理分配系统环境。而当农产品供应链协同过程中的收益和风险得到合理分配时，链上主体在信息共享的意愿上肯定会更加积极，在信息共享的能力上无疑也更加充沛。

7.5　本章小结

农产品供应链的协同主要表现为链上各节点企业之间通过利益共享、风险共担、信息共享及信任协调等运作机制来实现供应链整体收益和运作效率同步优化的过程。在供应链协同实现的过程中，链上收益风险的合理分配是协同实现的动因，信任关系的建立是农产品供应链协同的基础，信息共享是农产品供应链协同的主要技术关键。上述三种协同机制又因管理的目标、方法和内容的不同分别嵌存于供应链战术层、策略层和战略层三个不同的层次中。其中，收益风险合理分配机制、信任机制属于供应链战略协同的层次，收益风险的合理分配是信任存续的基础，信任也会反过来加强和巩固收益和风险分配的合理性；信息共享机制则属于供应链技术协同的层次，是与策略层、战略层相互联系的技术联结。信任会减少信息共享的成本、提高信息共享的水平，而信息共享也会体现和巩固相互之间的信任程度；收益和风险的合理分配会提高信息共享的意愿和能力，而信息共享又会减少或抑制信息不对称，进而促进收益和风险的合理分配。

7.3 本章小结

第8章

主要结论、建议及展望

8.1 主要结论

8.1.1 从信息熵视角优选合理高效的农产品供应链运作模式，从协同价值的比较中印证农产品供应链协同的现实需求

供应链管理是一个系统优化过程，从信息理论角度来看，减小供应链的信息熵值必须针对性地加强链中信息的流动性、透明性、准确性和及时性。供应链的结构或供应链的组织模式会影响供应链中信息的流动，而供应链管理中的信息流动不确定性的大小体现了供应链的运作效率，也表征了供应链系统的信息熵状态。基于信息熵理论，从信息流动的时效、质量及成本的角度，通过协同价值的比较来优选相对合理高效的农产品供应链运作模式，可得到契约交易模式相比现货交易模式能获得更大的供应链协同价值。因此，优选合适的农产品供应链，整合和协同其运作流程尤其是上游流程，对联结小农民和大市场、提高农民收入、稳定农产品市场供求具有充分的现实需求意义。

8.1.2 合理高效的利润和风险分配机制是保持供应链协同稳定态、提高农产品供应链整体竞争能力的核心和动因

农产品供应链是一种相互依赖的混合治理结构，其通过契约合作或专用性资产投资等建立紧密的合作关系以满足不确定性环境的要求。供应链协同是提升供应链整体竞争力的关键要素，良好供应链的协同效果建立在高效的协同机制上，只有建立合理高效的协同机制尤其是利润和风险分配机制，供应链协同的稳定态才能长期保持。

产品专用性主要体现在其自然属性和市场属性上。当农产品存在专用性差异且面对动态价格环境时，要实现利润和风险分配的协同机制，必须在判断产品专用性强度的基础上，对农产品未来的市场价格进行合理预测，对激励惩罚机制作出理性安排。

期权的价格发现和套期保值、农业保险的经济补偿与风险保障有利于农民和公司与期权市场的对接，有利于促进农产品供应链利润和风险分配协同运作机制的形成与实施，对于稳定农产品生产、平衡农产品供求、促进农业产业化及农业产业结构升级具有较强的现实意义。

8.1.3　信任机制是维系节点成员间合作效能与存续的重要机制，适当条件下的信任是一种进化稳定策略，供应链可以通过学习机制实现协同利益

供应链信任是供应链中一方对另一方实现己方期望的预期，是彼此面临不确定性时的一种承诺和信赖。农产品供应链的协同过程中，信任机制是维系链上节点成员间合作效能与存续的重要机制，它影响并制约着供应链中节点成员间的交易行为，有利于减少农产品供应链交易成本，促进供应中节点成员的合作，稳定和提高农民收入。另外，农产品供应链的复杂性和层次性使农产品供应链协同的信任机制的构建面临诸多因素的影响，且不同的因素通过不同的路径或手段影响信任的形成、巩固或稳定过程，这些因素主要包括供应链中节点主体的竞争实力对比与相互依赖程度、供应链的信息共享水平、机会主义防范机制的完善程度以及合作程序与供应链协同利益分配的公平等。

信任机制的完善程度是影响供应链协调同步稳定运行的核心要素。农产品供应链中节点主体能否保持良好的合作关系，供应链信任机制的设计与显示十分关键。在动态条件下，当政府补贴、利润返补、专用性损失、保险和期权以适当的形式组合实施或应用时，农产品供应链协同中“信任”可以成为一种进化稳定策略，信任机制的效能能够得到完全发挥，供应链可以通过学习机制实现协同利益。

8.1.4　信息技术和供应链组织结构模式是农产品供应链信息共享的外在制约条件，信息共享收益和风险管控是实现农产品供应链协同机制的内在动因

在供应链协同中，链中各环节之间既分工又合作、既独立又融合，这种分工与合作、独立与融合必须以供应链协同中各节点企业的信息互动和共享为基

础。信息共享的顺利实现需要外在信息技术的支持，其主要表现在以电子数据传递与交换为代表的基础信息技术、以企业资源计划为代表的系统技术以及以实时物流信息系统为代表的新技术等。

在供应链管理中，各节点企业是信息流的主体和客体，管控和共享链中的各类信息取决于各节点企业间合作关系的密切程度、产品的特性、节点间的交易频度与信用度以及信息技术应用水平等，也取决于供应链的基本组织结构模式。不同的供应链组织结构模式通常对应于不同的信息共享模式，其运作也呈现出不同的可控性、灵活性。

信息共享是提高供应链的协同水平、整体绩效和可持续发展能力的基础。信息技术和供应链组织结构模式制约着农产品供应链信息共享的客观水平，而信息共享收益和风险是抑制农产品供应链上下游企业信息共享积极性的主观因素。故从技术上予以信息共享必要的支持和保障，从机制上对信息共享予以利益激励和风险管控，是农产品供应链协同过程中信息共享顺利实现的关键。

8.1.5 实现农产品供应链整体收益和运作效率的同步优化需要利益风险合理分配、信息共享及信任协调三种协同机制协调一致、互动配合

农产品供应链的协同主要表现为链上各节点企业之间通过利益共享、风险共担、信息共享及信任协调等运作机制来实现供应链整体收益和运作效率同步优化的过程。在农产品供应链协同过程中，收益风险的合理分配是协同实现的内在动因，信任关系的建立是协同实现的社会基础，信息共享是协同实现的技术关键，三种协同机制互动配合，又因管理的目标、方法和内容的不同分别嵌存于供应链战术层、策略层和战略层三个不同的层次中。其中，收益风险合理分配机制、信任机制属于供应链战略协同的层次，收益风险的合理分配是信任存续的基础，信任也会反过来加强和巩固收益风险分配的合理性；信息共享机制则属于供应链技术协同的层次，是与策略层、战略层相互联系的技术联结。信任会减少信息共享的成本、提高信息共享的水平，而信息共享也会体现和巩固相互之间的信任程度；收益和风险的合理分配会提高信息共享的意愿和能力，而信息共享会减少或抑制信息不对称，进而促进收益和风险的合理分配。

8.2 政策建议

8.2.1 创新和优化农产品供应链运作模式，提高农产品物流的技术效率

供应链管理中的信息流动的不确定性的大小体现供应链的运作效率，而供应链结构又会影响供应链中信息的运行。供应链的优化是一个系统的工程，从信息理论的角度来看，降低系统的信息熵值必须进一步加强信息的流动性、透明性、准确性和及时性。因此，优选或创新合适的农产品供应链，整合和协同其运作流程尤其是上游流程，对联结农民和市场、提高农民收入、稳定农产品市场供求具有一定的理论意义和充分的现实需求。

改善和提高我国农产品物流效率，战略层次上要稳定和巩固沿海地区发展，进一步夯实国家“西部大开发”“中部崛起战略”及“振兴东北战略”的发展基础，积极引导和推进“沿海反哺内地”战略，缓解东部地区和中西部地区经济发展水平的差距，从基础上改善我国农产品物流的地区差异；产业发展层次要重点将《物流业调整和振兴规划》和《关于促进物流业健康发展政策措施的意见》落到实处，厘清物流产业的管理链，切实做到物流管理的政出一门和权责统一，以根除物流企业经营上的无所适从与经济上的苛捐杂税。操作层面上要充分利用市场机制和政策引导，改善投资质量，诱导投资流向，切实提高对农村尤其是中西部地区农村交通运输等基础设施的投资力度，加大对农村农产品物流产业人才的引入和培训，探索和创建合理高效的农村信息化服务模式与农产品流通体系，逐步形成各地区农产品物流要素投入的合理配置。

8.2.2 实现农产品供应链协同稳定发展，“奖罚并用”是合理有效的协同激励和约束机制，期权和保险是有效的风险规避和损失补偿机制

作为一种混合治理组织，农产品供应链主要通过契约合作或专用性资产投资等方式构建紧密合作关系以满足不确定性环境的要求。农产品专用性主要体现在其自然属性和市场属性上。当农产品存在专用性差异且面对动态价格环境时，要实现农产品供应链协同，必须以农产品的专用性强度为基础，对农产品市场价格进行合理估测，对农产品供应链激励惩罚机制进行合理设计。与此同时，要利用农产品期权市场进行价格发现和套期保值，利用农业保险进行经济补偿与风险保障，以实现农民和公司与期权市场的顺利对接，促进农产品供应链收益分配协同运作机制的形成与实施，稳定农产品生产、平衡农产品供求、促进农业产业化及农业产业结构升级。

总之，要使该“农户 + 公司”型农产品供应链协同稳定发展，“奖罚并用”是合理有效的协同激励和约束机制，期权和保险是有效的风险规避和损失补偿机制。因此，在农产品供应链中，公司和农户作为供应链协同运行中核心主体，有必要在密切农产品市场的价格动态、协定合理的奖惩政策的基础上，加强与期权市场和保险市场的联系，充分利用两个市场的强大的价格发现与风险管理职能，以促进供应链收益分配协同运作机制的形成与实施，实现农产品供应链协同、稳定地发展。

8.2.3 信任机制的建立和完善需要利益激励、制度约束、情感维系、信誉重视以及技术支持

农产品供应链的运作贯穿了农产品自然再生产与经济再生产相互作用的过程，这种基于生物特性和工业特性相互交织的属性决定了农产品供应链有别于工业品供应链的特殊性和层次性，其主要表现为农产品供应链复杂的主体构成、农产品的生物性、安全性、时间竞争的局限性和物流控管的高难度性等方面。农产品供应链的复杂性和层次性使农产品供应链协同的信任机制的构建面临诸

多因素的影响，且不同的因素通过不同的路径或手段影响信任的形成、巩固或稳定过程，这些因素主要包括农产品供应链中协同利益分配的公平、机会主义防范机制的完善程度、节点主体的竞争实力对比与相互依赖程度、供应链的信息共享水平等。

农产品供应链中协同利益分配的公平主要表现为链中利益的显性激励，科学合理的利益分配显然有助于增强合作各方之间的信任关系。机会主义防范机制是一种制度约束，主要表现为供应链运作层面的制度设计、合作关系的契约完善以及事后的惩罚震慑。另外，供应链信任的建立、维护是一个长期的过程，但其破坏则是一次性的，因此在供应链协同过程中加强链中成员的沟通与协调，有利于统一链中成员不同的价值观和行为方式。而作为相对拥有信息和技术优势的核心企业，也可通过给予合作伙伴信息共享较高权限等或合作伙伴技术支持等方式，巩固彼此间的信任，加强链中成员的相互依赖性，从而实现彼此间长期稳定的合作。

信任机制的完善程度是影响供应链协调同步稳定运行的核心要素。农产品供应链中各节点主体能否保持良好的合作关系，供应链信任机制的设计与显示十分关键。在动态条件下，当政府补贴、利润返补、专用性损失、保险和期权以适当的形式组合实施或应用时，农产品供应链协同中的“信任”可以成为一种进化稳定策略，信任机制的效能能够得到完全发挥，供应链可以通过学习机制实现协同利益。

8.2.4　加强农产品供应链信息共享的激励设计和显示，构建高效有序的资金保障、组织保障以及技术保障环境

利益追求是信息共享机制实现的内在动因，信息共享激励机制的合理设计与显示可以促进链中信息高效、准确、及时地在链中成员间传递和共享，具体的激励措施包括价格激励、淘汰激励、技术支持激励甚至股权互换激励等。

信息共享是供应链协同成功与否的关键因素之一，信息共享的资金、组织和技术保障是农产品供应链信息共享得以顺利实现的一种有序、高效的运行环境。实现信息共享首先需要在设备、人员方面进行大量的投入，这必然要求有充沛的资金投入作支撑。而农产品供应链的复杂性和多层次性也要求构建适当

的组织制度规范和协调机构以协调链中成员的分工合作。最后，信息共享得以顺利实施必须以电子数据传递与交换的基础信息技术、以企业资源计划技术为代表的系统技术以及以实时物流信息系统为代表的新技术等作为技术保障。

8.2.5 定位链中主体的地位，发挥链中成员本体的职能

农产品供应链的协同稳定发展，交易函数的准确呈现是关键，补贴措施的合理实施是基础，“奖罚并用”是激励约束的协同兼容，而契约定价政策是稳定合作的核心。因此核心企业（公司）、农户和职能政府部门要从协同发展农产品供应链的角度充分发挥自身的基本职能。

首先，核心企业作为农产品供应链协同运行中的核心主体，要充分发挥其在产业链中的市场“桥接”作用。对农户要密切关注其基本诉求，并制定灵活的契约价格政策，奖惩结合激励为主；对市场要提高对价格波动的敏感度，积极采取必要的金融工具如期货、期权、保险等以规避市场风险。对合作要探索创新多种方式，如承包土地入股、利他性投资入股、利润返还、股份分红等，以加大核心企业和农户合作的深度融合，提高合作中的相互依存度和信任度。

其次，农户作为农产品供应链协同稳定运行的关键主体，要积极提高自身的组织化程度，发展并参与农民专业合作社以提升在契约谈判中的实力和地位。着眼当前，放眼长远，使自身能够真正成为新时期农业产业化中的新型农业经营主体之一。

最后，政府职能部门作为农产品供应链协同中的外部环境主体，要充分发挥相关职能部门的监督、激励和约束作用，加大对农户尤其是个体小农户的权益保护，监督核心企业的正常规范运营，严控核心企业以非农生产、资本运作等形式圈地他用。积极探讨政策服务体系如农业社会化服务的制度创新，加强与核心企业、农户三方的协同合作，以实现农产品供应链的协同、稳定、健康发展。

8.3　研究展望

本研究通过宏观上粗略构建农产品供应链协同机制的研究体系，微观上进行相关研究的模型构建和实证分析，取得了一些研究结论或成果，然囿于实际研究过程中制约主客观条件，相关研究尚存许多不足，需要在未来的研究中进一步提高和完善：

第一，对于农产品供应链协同的现实需求分析方面，本研究通过效率测算描述了我国农产品物流效率的低水平及其地区特征，通过信息熵理论比较了我国几种主要的农产品供应链运作模式的优劣，最后依据供应链的协同价值的比较模型分析了供应链协同的优势，进而得出了农产品供应链存在现实的协同需求。整个研究过程比较庞杂，逻辑性略有不足，如果能够获得更多直接的实证数据进行简明扼要的分析，应该更能直切问题要害，但这首先需要我国农业产业化及农产品供应链发展到较高的水平或层次。

第二，信任机制的研究涉猎学科较多，例如涉及社会学、管理学、经济学、心理学等。信任从主体、相互关系、属性特点等方面广泛地影响到农产品供应链的协同稳定发展，本研究仅从经济学角度以灰博弈理论进行机制分析，有待进一步拓宽研究视角。

第三，农产品供应链协同机制的互动传递融合模型分析了农产品供应链的主要协同机制在不同层级下的互动及融合过程，需要进一步探寻一个契合三种协同机制的总纲，并以此为基础进行系统分析。

参考文献

[1] 艾超，谢忠 . 采用 RFID 技术的供应链分析：从技术和商业角度 [J]. 技术经济与管理研究，2013（11）：14-18.

[2] 常志平，蒋馥 . 供应链中信息共享的层级及其影响因素分析 [J]. 工业工程与管理，2003，8（2）：22-24.

[3] 陈灿，万俊毅，吕立才 . 农业龙头企业与农户间交易的治理：基于关系契约理论的分析 [J]. 华中农业大学学报：社会科学版，2007，70（4）：42-49.

[4] 但斌，徐广业，张旭梅 . 电子商务环境下双渠道供应链协调的补偿策略研究 [J]. 管理工程学报，2012（1）：125-129.

[5] 诺斯 . 制度、制度变迁与经济成就 [M]. 上海：上海三联书店，1994.

[6] 邓宏图，米献炜 . 约束条件下合约选择和合约延续性条件分析：内蒙古塞飞亚集团有限公司和农户持续签约的经济解释 [J]. 管理世界，2002（2）：120-127.

[7] 科埃利，等 . 效率与生产率分析引论 [M]. 北京：中国人民大学出版社，2008.

[8] 丁少群，马春晖 . 论发展我国农业保险的阶段性模式 [J]. 经济问题，1993（10）：14-17.

[9] 樊友平，陈静宇 . 公司战略联盟选择的决策方法研究 [J]. 中国软科学，2000（8）：102-105.

[10] 范其学 . 垄断契约、专用资产与弱势契约主体行为研究：来自烟草种植业的经验数据 [J]. 安徽大学学报：哲学社会科学版，2007（3）：126-131.

[11] 方志耕，刘恩峰 . 基于纯策略的灰矩阵博弈模型研究：标准灰矩阵博弈模型构建 [J]. 东南大学学报，2003，33（6）：796-800.

[12] 费孝通 . 乡土社会（1947 年版）[M]. 上海：三联书店，1985.

[13] 冯文丽，林宝清．我国农业保险短缺的经济分析 [J]. 福建论坛：经济社会版，2003（6）：13-16.

[14] 傅晨．"公司＋农户"产业化经营的成功所在：基于广东温氏集团的案例研究 [J]. 中国农村经济，2000（2）：41-45.

[15] 高阔，甘筱青．"公司＋农户"模式：一个文献综述（1986—2011）[J]. 经济问题探索，2012（2）：109-115.

[16] 龚云雷．期望效用理论的确定性等价方法 [J]. 数量经济技术经济研究，2005（4）：36-38.

[17] 郭红东．龙头企业与农户订单安排与履约：理论和来自浙江企业的实证分析 [J]. 农业经济问题，2006（2）：36-45.

[18] 郝国英，孔造杰，韩海彬．供应链中信息共享对各环节库存的影响研究 [J]. 系统工程理论与实践，2007，27（9）：131-135.

[19] 郝海，仲从友，时洪浩．不对称信息下两阶段供应链的协同机制 [J]. 物流科技，2007（12）：93-96.

[20] 黄达，刘鸿儒，张肖．中国金融百科全书 [M]. 北京：经济管理出版社，1990.

[21] 黄婧，孙秋．农业产业化中公司＋农户模式合作困境的博弈分析 [J]. 贵州农业科学，2009，37（12）：219-223.

[22] 黄祖辉，王祖锁．从不完全合约看农业产业化经营的组织方式 [J]. 农业经济问题，2002（3）：28-31.

[23] 寇荣，谭向勇．论农产品流通效率的分析框架 [J]. 中国流通经济，2008（5）：12-15.

[24] 李军林，郭亚玲．理性、均衡与演进博弈论基本经济理论：一个关于博弈理论发展的评述 [J]. 南开经济研究，2000（4）：48-52.

[25] 李琴英．基于风险管理视角的我国农业保险及其风险分散机制 [J]. 河南社会科学，2007（5）：56-59.

[26] 励凌峰，黄培清．企业并购中的供应链协同与整合 [J]. 商业研究，2005（8）：21-24.

[27] 刘红胜．基于 ISM 的制造企业供应链协同绩效关键影响因素分析 [J]. 当代经济，2011，11（69）：154-155.

[28] 刘丽贤，李鹏，高樑．供应链协同知识创新的模型研究 [J]. 商业经济研究，2010（17）：67–68.

[29] 刘丽贤，李鹏．供应链成员协同知识创新风险研究 [J]. 技术经济与管理，2012（6）：28–31.

[30] 刘允洲，陈健．公司＋农户：深化农村改革的一种思路 [J]. 中国农村经济，1988，10：14–18.

[31] 刘颖．基于 CPFR 的协同预测模型研究 [J]. 中国市场，2011(28)：9–11.

[32] 张予川，邵林，桂华明．基于灰色模糊理论的装配企业供应链协同绩效实证研究 [J]. 物流科技，2012（11）：13–15.

[33] 龙春霞，姜俊臣，程伟民，等．论农业保险体系中存在的问题及对策 [J]. 河北农业大学学报，2003（3）：15–17.

[34] 陆杉，高阳，黄福华．供应链协同合作关系：基于关系理论的视角 [J]. 现代管理科学，2009（5）：92–94.

[35] 陆杉．农产品供应链成员信任机制的建立与完善：基于博弈理论的分析 [J]. 管理世界，2012（7）：172–173.

[36] 罗必良，王玉蓉，等．农产品流通组织制度的效率决定：一个分析框架 [J]. 农业经济问题，2000（8）：26–31.

[37] 马新安，张列平，田澎．供应链中的信息共享激励：动态模型 [J]. 中国管理科学，2001，9（1）：19–24.

[38] 马永军，蔡鹤皋，张曙．网络联盟企业中的设计伙伴选择方法 [J]. 机械工程学报，2000，36（1）：1–19.

[39] 梅晚霞，于本海，马士华．联合定价的提前订货折扣策略 [J]. 计算机集成制造系统，2012（1）：163–168.

[40] 孟枫平，尹云松．公司与农户间商品契约稳定性问题的进一步探讨 [J]. 财贸研究，2004（6）：23–26.

[41] 宁方华，等．熵理论在物流协同中的应用研究 [J]. 浙江大学学报：工学版，2006（10）.

[42] 卢曼．信任：一个社会复杂性的简化机制 [M]. 上海：世纪出版集团，上海人民出版社，2005.

[43] 宁满秀，苗齐，邢鹂，等．农户对农业保险支付意愿的实证分析：以

新疆玛纳斯河流域为例 [J]. 中国农村经济，2006（6）：16-20.

[44] 欧阳小迅，黄福华 . 我国农产品流通效率的度量及其决定因素 [J].2000—2009. 农业技术经济，2011（2）：76-84.

[45] 钱忠好 . 节约交易费用：农业产业化经营成功的关键——对江苏如意集团的个案研究 [J]. 中国农村经济，2000（8）：62-66.

[46] 邱灿华，蔡三发，沈荣芳 . 分布式决策供应链的协调机制实施研究 [J]. 同济大学学报，2005，16（5）：120-124.

[47] 孙华 . 信息不对称下期权契约供应链协同机制研究 [J]. 山东社会科学，2011（12）：132-134.

[48] 孙香玉，钟甫宁 . 福利损失、收入分配与强制保险：不同农业保险参与方式的实证研究 [J]. 管理世界，2009（5）：80-86.

[49] 涂国平，冷碧滨 . 基于博弈模型的“公司 + 农户”模式契约稳定性及模式优化 [J]. 中国管理科学，2010（3）：148-157.

[50] 万俊毅，欧晓明 . 社会嵌入、差序治理与合约稳定：基于东进模式的案例研究 [J]. 中国农村经济，2001（7）：14-24.

[51] 王俊峰，刘立东 . 基于博弈论的闭环供应链中三方协调研究 [J]. 科学决策，2009（3）：33-37.

[52] 王兰，许玉龙 . 农村金融名词词语汇释 [M]. 北京：中国金融出版社，1991.

[53] 王巍 . 闭环供应链分级定价回收策略研究 [J]. 统计与决策，2010（5）：174-176.

[54] 王勇，罗富碧，林略 . 第四方物流努力水平影响的物流分包激励机制研究 [J]. 中国管理科学，2006，14（2）：136-140.

[55] 魏晨，马士华 . 基于瓶颈供应商提前期的供应链协同契约研究 [J]. 中国管理科学，2008（5）：50-56.

[56] 夏蔚军，吴智铭 . 供应链协同契约研究 [J]. 计算机集成制造系统，2005（11）：1577-1579.

[57] 谢识予 . 有限理性条件下的进化博弈理论 [J]. 上海财经大学学报，2001（5）：3-9.

[58] 许金立，张明玉 . 农产品供应链协同机制研究 [J]. 管理现代化，

2011（2）：43-46.

[59] 徐健，张闯，夏春玉.农户人际关系网络结构、交易成本与违约倾向[J].财贸经济，2010（2）：133-139.

[60] 徐振宇.提升农产品流通效率促进经济增长方式转变[J].北京工商大学学报（社会科学版），2007（6）：6-9.

[61] 徐忠爱.公司和农户缔结的超市场契约及其治理的信任机制[J].南京农业大学学报：社会科学版，2008，8（3）：51-57.

[62] 梁莹，徐福缘.基于供需网的企业知识协同伙伴选择问题研究[J].科技进步与对策，2012（4）：124-125.

[63] 薛昭胜.期权理论对订单农业的指导与应用[J].中国农村经济，2001（2）：73-76.

[64] 杨军，葛孚桥.现代农产品物流体系建设与运行的财政支持政策探讨[J].生态经济，2011（3）：144-147.

[65] 杨叔子.网络化制造与企业集成[J].中国机械工程，2000，36（2）：45-48.

[66] 尹云松，高玉喜，糜仲春.公司与农户间商品契约的类型及其稳定性考察[J].中国农村经济，2003（8）：63-67.

[67] 俞雅乖.农业产业化契约类型及稳定性分析：基于资产专用性视角[J].贵州社会科学，2008（2）：99-105.

[68] 张兵，胡俊伟."龙头企业＋农户"模式下违约的经济学分析[J].现代经济探讨，2004（9）：27-30.

[69] 张翠华，任金玉，于海斌.非对称信息下基于惩罚和奖励的供应链协同机制[J].中国管理科学，2006（3）：32-37.

[70] 张后启.ERP系统的成功应用模式[J].中外管理导报，1999（2）：16-18.

[71] 曾文杰，马士华.制造行业供应链合作关系对协同及运作绩效影响的实证研究[J].管理学报，2010，8（23）：1221-1227.

[72] 张军，吴桂英，张吉鹏.中国省际物质资本存量估算[J].1952—2000.经济研究，2004（4）：35-44.

[73] 张磊，王娜，谭向勇.农产品流通效率的概念界定及评价指标设计[J].华东经济管理，2011（4）：18-21.

[74] 张敏，等 . 供应链关系质量、供应链管理对农产品质量安全的影响：基于广东省样本企业的实证分析 [J]. 农业经济与管理，2013（1）：29-39.
[75] 张维迎 . 博弈论与信息经济学时 [M]. 上海：上海人民出版社，2004.
[76] 张占东 .“公司＋农户模式”实践探索、制度变迁与前景展望 [J]. 管理学刊，2010，23（1）：62-67.
[77] 赵锋 . 广西农产品流通效率评价探析 [J]. 物流工程与管理，2011（12）：99-100.
[78] 赵西亮，吴栋，左臣明 . 农业产业化经营中商品契约稳定性研究 [J]. 经济问题，2005（3）：42-44.
[79] 郑强国，李宁 . 农业产业化进程中公司与农户之间契约的稳定性研究 [J]. 农村经济，2005（10）：33-35.
[80] 中国物流与采购联合会 . 中国物流年鉴 [M]. 北京：中国物资出版社，2010.
[81] 周立群，曹利群 . 商品契约优于要素契约：以农业产业化经营中的契约选择为例 [J]. 经济研究，2002（1）：14-20.
[82] A graw al S, Sengup ta R. Impact of information sharing and lead time on bullwhip effect and on-hand inventory[J]. European Journal of Operational Research, 2007(9): 0-15.
[83] Afentakis P,Gavish B.optimal Lot-Sizing algorithms for Complex Product structures[J].Operation Researches, 1986, 34:237-244.
[84] Aiger, D. J., C. A. K Lovell and P. Schmidt. Formulation and Estimation of Stochastic Frontier Production Function Model [J]. Journal of Economics, 1977(6):21-37.
[85] Anderson D, Lee. Hall. onized supply chains:the new Frontier[J]. ASCET, 1999, 6(1):21-36.
[86] Appel D, Lord R B and Harrington S.The Agricultural Research, Extension and Education Reform Act of 1988, Section 535 Crop Insurance Study [J].Milliman and Robertson, July, 23,1999.
[87] Battese, G. E, And T. J. Coelli. Prediction of Firm-Level Technical Efficiencies with A Generalized Frontier Production Function and Panel

Data[J].Australian Journal of Economics, 1988(38):378-399.

[88] Battese, G. E, and T.J. Coelli A Model for Technical Inefficiency Effects in A Stochastic Frontier Production Function for Panel Data[J].Empirical Economics, 1995(20):325-332.

[89] Bello D C, Lohtia R, Sangtani V. An Institutional Analysis of Supply Chain Innovations in GlobalMarketing Channels [J]. IndustrialMarketing Management, 2004,33(1):57-64.

[90] Bosel, Anand.on returns Policies with exogenous Price [J]. European Journal of Operational Research, 2007, 178:782-788.

[91] Cachon G.P, Lariviere M. A. Supply chain coordination with revenue:sharing Contracts: Strengths and Limitations [J]. 2005, 51(1):30-44.

[92] Choi T Y, Krause D R. The Supply Base and Its Complexity: Implications for Transaction Costs, Risks, Responsiveness, and Innovation [J]. Journal of Operations Management, 24(5)：637-652.

[93] Claude E. Shannon.Communication in the Presence of noise [J].Proc. IRE, 1949, 37:P.10-21.

[94] Cachon G, Larviere M.Supply chain coordination with revenue-sharing contracts: strengths and limitations[J]. University of Pennsvlvania working paper, 2002.

[95] Crowston, W. B,Wagner, M.H. Williams,J.Economic Lot Size Determination in Multistage Assembly Systems [J]. Management Science,1973,19(5): 17-526.

[96] Erin Bryla, Joanna Syroka. Developing Index-Based Insurance for Agriculture in Developing Countries [J]. Sustainable Development Innovation Briefs, 2007.

[97] Fiala P. Information sharing in supply chains[J]. The International Journal of Management Science, 2005，33(5): 419-423.

[98] Frohlich.M.T,Westbrook.R. Arcs of Integration: An international Study of Supply Chain Strategies [J]. Journal of Operations Management, 2001,

19(2): 185-200.

[99] Fuentes, H.J., E. Grifell-Tatje And S. Perelman.A Parametric Distance Function Approach For Malmquist Productivity Index Estimation[J]. Journal of Productivity Analysis, 2001(15):79-94.

[100] Fukuyama, Francis. Trust: The Social Virtues and the Creation of Prosperity[M].New York: Free Press, 1995.

[101] Gavirneni S. Price fluctuations, information sharing, and supply chain performance[J]. European Journal of Operational Research, 2006, 174(3): 1651-1663.

[102] Gerrit W illem Ziggers, Jacques Trienekens. Quality Assurance in Food and Agribusiness Supply Chains:Developing Successful Partnerships[J]. International Journal of Production Economics, 1999(60-61):271-279.

[103] Gilbert S M, Cvsa V. Strategic Commitment to Price to Stimulate Downstream Innovation in a Supply Chain [J]. European Journal of Operational Research, 2003, 150(3): 617-639.

[104] Gine X, Townsend R, Vickery J.The Feasibility of Weather Insurance in Asian Developing Countries: Case Study of India[R].Invited Paper Prepared for Presentation at the International Association of Agricultural Economists, Gold Coast, Australia, August 12 -18,2006.

[105] Glauber J W,. Collins K J .Risk Management and the Role of the Federal Government. USDA, 2001[M]. Washington D C: Global Supply Chain Management Forum, 2001.

[106] Goodwin B K, Smith V H.The Economics of Crop Insurance and Disaster Aid [M]. Washington DC: American Enterprise Institute Press, 1995.

[107] Goodwin B K. An Empirical Analysis of the Demand for Multiple Peril Crop Insurance [J].American Journal of Agricultural Economics, 1993(75): 425-434.

[108] Goodwin B K. Problems with Market Insurance in Agriculture [J]. American Journal of Agricultural Economics, 2001(3):643-649.

[109] Grandori A. An Organizational Assessment of Inter-firm Coordination Models[J]. Organization Studies, 1997, 18(6): 897-925.

[110] Hau L.Lee, Seungjin Whang. E-Business and Supply Chain Integration[R]. Stanford Global Supply Chain Management Forum, Stanford University, 2001(11).

[111] Hofman D.Brukoff P. Insuring Public finances Against Natural Disaster: A Survey of options and Recent Initiatives[J]. IMF Working Pape, (6):199.

[112] Horowitiz J, Lichtenberg E. Risk Reducing and Risk Increasing Effects of Pesticides [J]. Journal of Agricultural Economics, 1994, 45 (1):82-89.

[113] Horowitz J, Lichtenberg E.Insurance, Moral Hazard, and Chemical Use in Agriculture[J]. American Journal of Agricultural Economics, 1993 (75):926–935.

[114] Huiskonen J,Pirttila T. Lateral Coordination in a Logistics Outsourcing Relationship [J]. International Journal of Production Economics, 2002, 78(2):177-185.

[115] Jan B Heide, George John. Alliances in Industrial Purchasing: The Determinants of Joint Action in Buyer-seller Relationships[J].Journal of Marketing Re—search, 1990,27(2):24-36.

[116] Jap Sandy D,Shanker Ganesan. Control Mechanisms and the Relationship Life Cycle:Implications for Safeguarding Specific Investments and Developing Commitment [J]. Journal of Marketing Research, 2000,37(5): 227-245.

[117] Jarimo T. Innovation Incentives in Enterprise Networks: A Game Theoretic Approach [M]. Vuorimiehentie: Julkaisija Utgivare Publisher, 2004.

[118] Ji G. Logistic and Matter-element Models Based on the Firm's Innovative Approach [J].Journal of International Logistics and Trade, 2005,3 (1): 121-145.

[119] Job de Haan. Flows ofGoods or Supply Chains, Lessons from the

Natural Rubber Industry in Kerala, India [J].International Journal of Production Economics, 2003, 81-82(11): 185-194.

[120] Just R, Calvin E L, Quiggin J.Adverse Selection in Crop Insurance[J]. American Journal of Agricultural Economics, 1992(2):81-89.

[121] Kim B. Coordinating an Innovation in Supply Chain Management [J]. European Journal of Operational Research, 2000, 123(3): 568-584.

[122] Konsynski B R, Mcfarlan F W. Information Partnerships-shared Data, Shared Scale[J]. Harvard Business Review, 1990, 68(5): 114-120.

[123] Kraljic P. Purchasing Must Become Supply Management [J]. Harvard Business Review, 1983, 61: 109-117.

[124] Kumbhakar, S.C., S. Ghosh and J. T. Mcguckin .A Generalized Production Frontier Approach for Estimating Determinants of Inefficiency In U. S. Dairy Farms [J]. Journal of Business And Economic Statistics,1991(9):279-286.

[125] Kumbhakar, S. C. Specifieation and Estimation of Production Risk, Risk Preferences And Technical Efficiency [J]. American Journal of Agricultural Ecnomics, 2002(84):8-22.

[126] L.M. Camarinha—Matos,H. Afsarmanesh,C. Garita,C. Lima. Towards an architecture for Virtual enterprises[J]. Journal of Intelligent Manufacturing, 1998, 9(2):189-199.

[127] Lee H L, P admanabhan P, W hang S. Information distortion in a supply chain: the bullwhip effect[J]. Management Science, 1997, 43(4): 546-558.

[128] Lee H L, Padmanabhan P, W hang S. The bullwhip effect in supply chains[J]. Sloan Management Review, 1997, 38(2): 93-102.

[129] Lee H L, So K C, Tang C S. The value of information sharing in a two-level supply chain[J]. Management Science, 2000, 46 (5):626-643.

[130] Li D, C OcBrien. A Quantitative Analysis of Relationships between Product Types and Supply Chain Strategies [J]. International Journal of Production Economics, 2001, 73(1): 29-39.

[131] Li L. Cournot oligopoly with information sharing[J]. Rand Journal of Economics, 1985, 16(4):521-536.

[132] Li S, Lin B. Accessing information sharing and information quality in supply chain management[J]. Decision Support Systems, 2006, 42(3): 1641-1656.

[133] Lyons T F. Mixed Motive Marriages: What's Next for Buyer-supplier Relations [J]. Sloan Management Review, 1990, 31(3):29-36.

[134] Meeusen, W. and J. Van. Den. Broeck. Efficiency Estimation from Cobb—Douglas Production Function with Composed Error [J]. International Economic Review, 1977(18):435-444.

[135] Marshall L Fisher. What is the Right Supply Chain for Your Product? [J]. Harvard Business Review, 1997, 3: 105-116.

[136] McKean, Roland N.. Economics of Trust, Altruism, and Corporate Responsibility in Edmund S. Phelps (ed.) [M]. New York: Russell Sage.1975

[137] Miranda M J, Glauber J W. Systemetic Risk, Reinsurance, and the Failure of Crop Insurance Markets [J]. American Journal of Agricultural Economics, 1997(79): 206-215.

[138] Mishra P K.Agricultural Risk, Insurance and Income: A Study of the Impact and Design of India' s Comprehensive Crop Insurance Scheme [M]. Aldershot: Avebury, 1996.

[139] Nassimbeni G. Network Structures and Co-ordination Mechanisms [J]. International Journal of Operations and Production Management, 1998, 18(6): 538-554.

[140] Nelson, Carl H, Edna T L.Further toward a Theory of Agricultural Insurance [J]. American Journal of Agricultural Economics, 1987(3):523-531.

[141] Orea, L. Parametric Decomposition of A Generalized Malmquist Productivity Index [J]. Journal of Productivity Analysis, 2002(18):5-22.

[142] Pitt, M. M., and L—F. Lee. Mearsurement and Sources of Technical

Inefficiency In the Indonesian Weaving Industry [J].Journal of Development Ecnomics, 1981(9):43-63.

[143] Quiggin J.The OptimalDesign of Crop Insurance, Economics of Agricultural CropInsurance [M]. Norwell MA: Kluwer Academic Publishers, 1994(5):115-134.

[144] Raghunathan S. Impact of demand correlation on the value of and incentives for information sharing in a supply chain[J]. European Journal of Operational Research, 2003, 146(3): 634-649.

[145] Richards T J, Manfredo M R, Sanders D R. Pricing Weather Derivatives [J]. American Journal of Agricultural Economics, 2004 (4):1005-1017.

[146] Roy S, Sivakumar K, Wilkinson L F. Innovation Generation in Supply Chain Relationships:A Conceptual Model and Research Propositions [J]. Journal of the Academy of Marketing Science, 2004, 32(1): 61-79.

[147] Sahin F, Jr Robinson E. P. Information sharing and coordination in make-to-order supply chains [J].Journal of Operations Management, 2005, 23(6): 579-598.

[148] Sahin F, Robinson E P. Flow Coordination and Information Sharing in Supply Chains: Review, Implications and Directions for Future Research [J]. Decision Sciences, 2002, 33(4): 1-32.

[149] Schuster H,Georgakopoulos D, Cichocki A,et al. Modeling and composingservice-basedandreferenceprocessbasedmulti-enterpriseprocesses [A]. Proceedings of the 12th Conference on Advanced Information Systems Engineering (CAiSE), June 2000, LNCS, 1789, Springer Verlag, Stockholm, Sweden, 2000:247-263.

[150] Sebastiaán J. Garcia-Dastugue, Douglas M Lambert. Internet—enabled Coordinationin the Supply Chain [J]. Industrial Marketing Management, 2003, 32(3):251-263.

[151] Skees J, Peter H, Mario M.New Approaches To Crop Yield Insurance In Developing Countries [R]. International Food Policy Research

Institute: Environment and Production Technology Division Discussion Paper, No. 55, 1999.

[152] Skees J, Varangis P, Larson D and Siegel P. Can Financial Markets be Tapped to Help Poor People Cope with Weather Risks [Z]. World Bank Development Research Group, Copyright UNU/WIDER, 2002.

[153] Smith V H, Goodwin B K. Crop Insurance, Moral Hazard, and Agricultural Chemical Use [J]. American Journal of Agricultural Economics, 1996 (78): 428–438.

[154] Towill D R. Time Compression and Supply Chain Management–A Guided Tour [J]. Supply Chain Management, 1996, 1(1):15–27.

[155] Trienekens J H, Hagen JM, Beulens A JM, Omta S W F.Innovation through International Food Supply hain Development: A Research Agenda [J]. International Food and Agribusiness anagement eview, 2003, 6(1): 84–98.

[156] Turvey C G, Hoy M,Islam Z.The Role of Ex Ante Regulations in Addressing Problems of Moral Hazard in Agricultural Insurance[J]. Agricultural Financial Review,2002 (62):103 –116.

[157] Turvey C G.Weather Derivatives for Specific Event Risk sin Agriculture [J]. Review of Agricultural Economics, 2001, 23(2):333 –351.

[158] Varun Grover,Manoj K Malhotra.Transaction Cost Framework in Operations and Supply Chain Management Research: Theory and Measurement[J]. Journal of Operations Management, 2003, 21(4):457–473.

[159] Vedenov D V, Barnett B J.Efficiency of Weather Derivatives as Primary Crop Insurance Instruments [J]. Journal of Agricultural and Resource Economics, 2004(29):387–403.

[160] Voorneveld M. Pareto–optimal Security Strategies as Minimax Strategies of a Standard Matrix Game [J].Journal of Optimization Theory and Applications, 1999, 102(1):203–210.

[161] Welker G A., van der Vaart T, van Donk D P. The influence of business conditions on supply chain information—sharing mechanisms:

A study among supply chain links of SMEs[J]. International Journal of Production Economics, 2008, 113(2): 706-720.

[162] WENG Z K.Channel coordination and quantity discounts[J].Management Science, 1995(9):41-53.

[163] World Bank. Index Insurance for Weather Risk in Lower-Income Countries [R].The World Bank, 2007.

[164] Wu J, et al. Incentives for information sharing in duopoly with capacity constraints[J]. The International Journal of Management Science, 2007(10): 001.

[165] Wu Y.N, Cheng TC E. The impact of information sharing in a multiple -echelon supply chain[J]. International Journal of Production Economics, 2008, 115(1): 1-11.

[166] Xiao T, Yang D. Risk sharing and information revelation mechanism of a one-manufacturer and one-retailer supply chain facing an integrated competitor[J], European Journal of operational Research,2008 (5):4.

[167] Yao.Z,Leung S C.H,Lai K.K.. Manufacturers'revenue:sharing contract and retail competition [J].European Journal of Operational Researeh,2007, 178: 782-786.

[168] Zangwill W I. A deterministic multi-Product multi-facility Production and inventory Model [J]. Operations Researeh, 1966, 14(3):486-507.

[169] Zhang H. Vertical information exchange in a supply chain with duopoly retailers [J].Production and Operations Management, 2002, 11(4):531-546.

[170] Zhao X, Qiu M. Information sharing in a multi-echelon inventory system[J]. Tsinghua Science and Technology, 2007, 12(9):466-474.

[171] Zhou H, J r Benton W C. Supply chain practice and information sharing[J]. Journal of Operations Management, 2007, 25(6):1348-1365.

[172] Zipkin P.H. efformance Analysis of a Multi-item Production Inventory System under Alternative Policies [J]. Management Science 1995,41 (4): 690-703.

[173] Zucker L. Production of Trus: t Institutional Sources of Economic Structure: 1840 ～ 1920 [J]. Research in Organizational Behavior, 1986: 853-1111.

致 谢

光阴荏苒，岁月如梭，时间如白驹过隙。当拙文付梓之际，叹抚斑驳白发，触闻幽幽墨香，万千感慨，怅然于怀。

衷心感谢我的导师陶建平教授，在学习和研究中，我真切地感受到了导师学识的渊博、治学的严谨以及德操的高洁，林林总总，滴滴点点，必将使我终身受益。本书从构思、选题、开题、撰写终至定稿，均洒满了陶老师的智慧和心血，是他的指点使我得识迷津，是他的点睛使我豁然开朗，是他的宽厚使我低头坚持，师恩浩荡，唯谨遵诲谆、勤耕力读以报。

诚挚感谢经管学院的青平教授、祁春节教授、冯中朝教授、李艳军教授、孙剑教授、刘颖教授、王雅鹏教授、张俊飚教授、周德翼教授、张安录教授、郑炎成教授、杨钢桥教授等在研究方向的规整、研究方法的使用等方面的关心和指导，是你们的指导和帮助使我栉风沐雨、砥砺前行。

真切感谢陶门的兄弟姐妹们，尤其是丁鹿伟老师、李恺老师、邢慧茹、田杰、曾小燕、刘飞、田波、齐立美、蔡勋、黄琦、胡超等，是你们的宽宥和笑容使我春风拂面、卸重轻行。

感谢我的家人和亲友，尤其是我的爱人李淑华和儿子徐里，是你们无私浩瀚的爱与包容激励着我走到现在。

最后对在百忙之中抽出时间和精力来审读本研究成果的各位学者专家表示由衷的感谢！

徐良培

2022 年 5 月